「La documentation Française」

©Direction de l'information légale et administrative, Paris, 2014.

实物互联网
物流网络的网络

L'internet physique

THE PHYSICAL INTERNET
The Network of Logistics Networks

[法] 埃瑞克·巴洛特（Eric Ballot）
[加] 班旺·蒙特勒伊（Benoit Montreuil） ◎著
[美] 罗素·梅勒（Russell D. Meller）

孔祥天瑞　罗　浩　黄国全　郭　珉　◎译

中国财经出版传媒集团
经济科学出版社
·北京·

图书在版编目（CIP）数据

实物互联网：物流网络的网络／（法）埃瑞克·巴洛特（Eric Ballot），（加）班旺·蒙特勒伊（Benoit Montreuil），（美）罗素·梅勒（Russell D. Meller）著；孔祥天瑞等译. -- 北京：经济科学出版社，2025.6. -- ISBN 978-7-5218-7107-4

Ⅰ. TP393.4；TP18

中国国家版本馆 CIP 数据核字第 2025TW4494 号

责任编辑：李　雪　袁　溦
责任校对：齐　杰
责任印制：邱　天

实物互联网：物流网络的网络
SHIWU HULIANWANG：WULIU WANGLUO DE WANGLUO
［法］埃瑞克·巴洛特（Eric Ballot）
［加］班旺·蒙特勒伊（Benoit Montreuil）　著
［美］罗素·梅勒（Russell D. Meller）
孔祥天瑞　罗　浩　黄国全　郭　珉　译
经济科学出版社出版、发行　新华书店经销
社址：北京市海淀区阜成路甲 28 号　邮编：100142
总编部电话：010-88191217　发行部电话：010-88191522
网址：www.esp.com.cn
电子邮箱：esp@esp.com.cn
天猫网店：经济科学出版社旗舰店
网址：http://jjkxcbs.tmall.com
固安华明印业有限公司印装
710×1000　16 开　17 印张　220000 字
2025 年 6 月第 1 版　2025 年 6 月第 1 次印刷
ISBN 978-7-5218-7107-4　定价：88.00 元
(图书出现印装问题，本社负责调换。电话：010-88191545)
(版权所有　侵权必究　打击盗版　举报热线：010-88191661
QQ：2242791300　营销中心电话：010-88191537
电子邮箱：dbts@esp.com.cn)

谨以此书向中国实物互联网联盟（以下简称联盟）致以最诚挚的谢意。联盟在实物互联网理论的实践转化与产业生态构建中发挥了核心引领作用，其丰富的行业经验与专业指导，不仅为本书的翻译工作提供了重要的实践参照，更为本书的顺利出版奠定了坚实基础。在此，向联盟的鼎力支持表示衷心感谢。

作者序言

承蒙尊敬的孔祥天瑞副教授的协助，我的这本关于实物互联网的著作得以在中国出版，我对此感到由衷的高兴。此次合作始于2013年，在第43届计算机与工业工程国际会议上，当时杰出的学者黄国全（George Q. Huang）教授邀请我前往香港大学发表演讲，而该会议正是致力于实物互联网这一主题。

两年后，这本书的原始版本先是以法语出版，随后是英语版本，最近又推出了日语版本。至今已过去十多年，在技术领域，这段时光看似漫长，但对于像全球物流这样庞大行业的概念和组织变革而言，实则短暂。

若将其与行业的一项重大发明作比较，从首批集装箱投入使用到首艘专为该技术打造的船只问世，耗时12年，之后又用了18年才发展出全球服务。考虑到麦克莱恩卡车公司（McLean Trucking Co.）作为集装箱的发明者，从最初的探索到全面普及，整个转变过程大约历时50年。

因此，实物互联网这一概念仍处于萌芽阶段。尽管它的原始版本可追溯至10年前，但其中所阐述的原理不仅未受质疑，反而在相关领域的研究中得到进一步强化。物联网、5G、数字孪生、本体论、人工智能以及网络物理系统等领域的技术迅猛发展，为此前看似复杂难解的实施挑战提供了切实可行的解决方案。所以，毫无疑问，凭借当下及未来的技术进步，在未来几年内，我们将有能力实现实物互联网的部署，并推动其带来的进步。

在过去10年间，关于实物互联网的研究越发成熟且备受关注，在欧洲、亚洲以及美洲都开展了大量相关工作。见证黄国全教授（现任职于香港理工大学）以及深圳大学的孔祥天瑞等学者深入挖掘实物互联网概念，并以其在网络物理系统方面的理念大大丰富该概念，令人倍感愉悦。

鉴于亚洲，尤其是中国，是物流高度活跃且重要的地区，也是最急需新解决方案的地方。我坚信，在黄国全教授和孔祥天瑞教授的支持下，未来10年定将取得重大进展，这不仅得益于业已开展的富有成效的合作，还归功于未来即将展开的协作。

我希望这本中文译著能够为中国读者更直接地了解这一概念打开大门，助力激发关于物流未来的思考。愿它能帮助我们以更可持续的方式发展我们所依赖的物流活动。

埃瑞克·巴洛特

教授

巴黎高等矿业学院－巴黎文理研究大学

+33 1 40 51 90 97

eric. ballot@ minesparis. psl. eu

中文版序言

在全球物流体系创新发展进程中，实物互联网（physical internet，PI）作为最具革命性的理论体系，自班旺·蒙特勒伊（Benoit Montreuil）教授于 2011 年正式提出以来，其理论框架在系统架构、标准协议与技术路径等方面持续完善。这一创新理念借鉴数字互联网的开放共享范式，旨在构建全球物流资源的高效互联网络，现已成为物流领域最重要的前沿研究方向之一。实物互联网的提出，不仅是对传统物流体系的结构性重构，更是对未来全球资源配置模式的创新探索。

在概念界定上，需明确区分物联网（IoT）、智慧物流与实物互联网三个维度：物联网作为感知层技术体系，主要承担数据采集与传输功能；智慧物流聚焦于运营层的解决方案，致力于物流流程的优化与智能化管理；而实物互联网则着眼于系统层的架构变革，通过重构物流网络拓扑与建立通用互联标准，最终实现系统级的协同效应。三者功能定位各异，但在技术实现层面相互支撑，共同驱动物流体系向更高效、更智能的方向演进。

在探索实物互联网的实践中，常观察到认知的差异。深耕物流领域的从业者，凭借深厚经验，往往聚焦于"技"与"术"的层面，视其为效率工具的又一次升级。然而，跨界研究者则常以其独特视

1

角，洞察到实物互联网蕴含的"道"之本质——它不仅是工具的改良，更是一场深刻的范式革命。其核心在于重构物流流转的底层逻辑，并确立协同共享的生态系统规则。领悟并践行此"道"，须具备超越局部利益博弈的全局视角，以寻求系统最优解；更需秉持开放共享的协同精神。这双重境界，是推动行业向可持续、智慧的协同共享范式跃迁的关键。

中国物流业历经数十年发展，已构建起全球规模最大、业态最丰富的市场体系。在国家"有效降低全社会物流成本行动方案"的战略指引下，实物互联网的创新价值尤为凸显。通过构建标准化体系，以模块化设计为基础，实现全球物流资源要素的互操作；通过网络化协同，打造开放共享的物流资源配置平台；通过智能化决策，运用数字技术优化系统运行效能。研究显示，这一体系可显著提升物流系统效率（提升幅度可达30%以上），为全球物流可持续发展提供了重要路径参考。

基于产业实践，中国在推进实物互联网过程中，应重点把握理论创新与实践验证相结合、技术创新与模式创新相协同、产学研用深度融合，以及积极参与国际标准制定等关键方向。当前，物联网、5G、人工智能等数字技术的成熟，以及中国在新能源、分布式能源网络等领域的技术优势，为实物互联网的实践提供了独特机遇。特别值得肯定的是，以黄国全教授为领军，孔祥天瑞教授、罗浩教授和郭珉教授等组成的学术团队，通过持续引领国际前沿研究合作，并推动本书中文版的高质量出版，为中国物流学术界构建了重要的国际交流平台。

本书的出版，不仅是对实物互联网理论体系的系统性梳理，更为行业提供了全面的实践指南。通过理论与实践结合、技术创新与模式创新协同、产学研用深度融合，我们期待推动中国物流体系向更高效、更绿色、更智能的方向演进。在全球物流体系变革的关键时期，实物互联网的探索与实践，将为构建开放、共享、可持续的未来物流生态奠定坚实基础。

田　民

中国实物互联网联盟发起人

物界科技创始人兼 CEO

顺丰集团前 CTO

顺丰科技前 CEO

译者前言

随着全球化进程的加快与电子商务的蓬勃兴起，物流行业正面临着前所未有的机遇与挑战。在这样的大背景下，实物互联网这一创新性概念应运而生，它犹如一颗冉冉升起的新星，为物流领域的未来发展照亮了方向。本书原著由埃瑞克·巴洛特、班旺·蒙特勒伊和罗素·梅勒在法国出版，是全球第一本实物互联网学术专著，系统介绍了如何以互联网架构重新思考物流，展示了价值链上组织经济活动方式变革的社会前景，为物流行业从业者提供了全新的视野和思路。因此，我们基于对物流行业深入的洞察以及对中国市场独特需求的把握，精心翻译并呈现了这本《实物互联网：物流网络的网络》。在此，衷心感谢埃瑞克教授和田民博士为本译著撰写了发人深省的书序。

本书详尽地阐述了实物互联网的内涵、关键组成部分以及其在全球物流领域的应用实践，其中欧美地区的案例为我们提供了宝贵的经验借鉴。第一部分探讨新时代下从封闭物流网络转向开放共享模式的必要性，借鉴互联网经验，提出实物互联网概念。第二部分详细介绍了实物互联网的三大组成部分：容器、节点和协议栈，分别作为物流核心对象、路由中心和系统保障，探讨其与数字互联网的差异。第三部分通过物流案例，展示实物互联网的应用前景，通过实验平台验证其在效率和灵活性上的优势。第四部分介绍实物互联网在全球的推进情况，呼吁开放合作推动发展。

在翻译过程中，我们充分考量中国物流市场的独特性与创新性，特别增加了"实物互联网在中国的发展历程、典型实践及未来展望"这一章节。新增章节的完成，离不开田民博士提供的丰富素材、亲笔撰写和严格把关，也非常感谢相关项目合作方提供的资料支持。同时，译者团队成员各司其职、协同合作，力求为读者呈现出一部高质量的译著作品。孔祥天瑞教授和郭珉博士凭借扎实的专业知识和丰富的行业经验，对原著内容进行了精准解读与流畅翻译；罗浩教授和黄国全教授则为实物互联网的技术背景提供了清晰而深入的引导，其专业见解为译著增添了深度与广度，为读者深入理解实物互联网的技术架构与实施路径奠定了基础。

在中国，物流行业的数智化转型已势在必行。实物互联网以其开放共享、标准化、智能化的特性，完美契合了这一发展需求。它通过构建统一的容器标准、优化物流节点以及制定高效的协议，有望打破传统物流的壁垒，实现资源的高效整合与利用，从而提升整个物流网络的效率与可持续性。同时，实物互联网还可与不同前沿技术结合，例如与能源互联网实现"双网融合"，借助能源互联网的分布式能源管理与优化调度技术，进一步提升物流系统的运行效率和能源利用效率，降低物流成本，推动物流行业向绿色低碳方向发展。此外，实物互联网还可与当下热门的低空经济深度融合，探索低空物流配送等创新模式，拓展物流服务的空间维度和应用场景，为物流行业带来新的增长机遇。通过阅读本书，我们希望能够帮助读者深入理解实物互联网的核心价值，并激发行业同仁积极探索其在中国的前沿应用之道。无论是物流企业、制造企业还是相关科研机构，都能从中汲取灵感，

译者前言

共同推动中国物流行业迈向更加智能化、绿色化的未来。让我们一同踏上这场关于物流网络的探索之旅，见证实物互联网在中国生根发芽、茁壮成长。

译者
2025 年 6 月

Predit 及其"交通研究创新"系列丛书

Predit（即"陆运研究与创新计划"的简称）是一个法国平台，旨在协调和认可国家对地面交通领域研究与创新的支持。其第四版（"Predit-4"，2008～2013年）受到负责生态和运输、工业更新和研究的三个部委（今天的 MEDDE、MERPN 和 MENESR）和三个资助机构（ANR、ADEME 和 Oseo——最近并入了法国国家投资银行）之间签署协议进行监管[①]。

Predit 于 2008 年确定的总体目标是为乘客和货物拟定和引入陆运（即公路、铁路、水路及其空海领域）的新技术、服务和公共政策，以应对中长期的挑战，尤其是生态转型中的关键问题。在 Predit 的能力范围内，第四个周期内共产生了 1120 多个研究项目，总金额为 11.2 亿欧元（包括 3.49 亿欧元的激励资助）。

2014 年初，为了更好地应对新的法国和欧洲研究格局的挑战，Predit 进行了重组。

Predit 通过法语文档出版的"交通研究创新"系列丛书是研究成

---

① 全文：生态、可持续发展和能源部（MEDDE）；经济、工业复兴和数字发展部（MERPN）；国民教育、高等教育和研究部（MENESR）；国家研究机构（ANR）；环境与能源管理署（ADEME）；和前创新机构（Oseo——今法国国家投资银行）。

果的重要宣传和传播工具。它为从业者提供了摘要作品（"盘点……"）以及面向实验者的完整研究报告或指南。Predit-4中增加了许多新的议题。Predit-4项目在未来数年中，仍将继续为该系列丛书提供资料，然后再收获新的成果。

自2006年以来已在"交通研究创新"系列丛书中发表的书目：

英语：

《方法指南：城市物流空间》，丹尼尔·布杜安（Daniel Boudoin）著，2006年11月初版，2012年5月再版。

法语：

《城市交通规划》，让-马克·奥夫纳（Jean-Marc Offner）著，2006年2月出版；

《对汽车的依赖》，加布里埃尔·杜普伊（Gabriel Dupuy）著，2006年9月出版；

《方法指南：城市物流空间》，丹尼尔·布杜安（Daniel Boudouin）著，2006年11月出版；

《运输噪音、状态和科学观点》，纪尧姆·法布瑞尔（Guilaume Faburel）、让-多米尼克·波拉克（Jean-Dominique Polack）和雅克·博蒙（Jacques Beaumont）著，2007年2月出版；

《运输部门的交易许可证》，查尔斯·劳克斯（Charles Raux）著，2007年2月出版；

《道路安全经济学：问题、清单和前沿思考》，马克·高德里（Marc Gaudry）、伊夫·热弗林（Yves Geffrin）、弗雷德里克·约翰逊（Fredrik Johansson）、马蒂厄·德·拉帕伦（Mathieu de Lapparent）、马林·莱里科莱（Marine Lericolais）、多米尼克·米尼奥（Dominique Mignot）和多米尼克·施瓦茨（Dominique Schwarz）著，2007年6月

出版；

《方向盘上的注意力分散和困倦》，吕克·布朗纳（Luc Bronner）著，2007 年 6 月出版；

《城市收费》，查尔斯·劳克斯（Charles Raux），2007 年 7 月出版；

《陆运：车载电子设备的兴起》，泽维尔·阿波利纳尔斯基（Xavier Apolinarski）著，2007 年 12 月出版；

《道路事故、基础设施和责任》，米歇尔·吉尔伯特（Michèle Guilbot）著，2008 年 5 月出版；

《辅助驾驶系统的未来是什么？》，洛朗·梅洛（Laurent Meillaud）、玛丽-莱恩·加伦（Marie–Line Gallenne）、让-马克·布洛斯维尔（Jean–Marc Blosseville）、雅克·埃利希（Jacques Ehrlich）、吉尔斯·马拉特雷（Gilles Malaterre）著，2008 年 5 月出版；

《移动和信息服务：创新和研究》，威廉·乌斯特（Guillaume Uster）著，2008 年 5 月出版；

《铁路货运是什么？法国的现实，德国的见解》，协调：拉蒂西亚·达布兰克（Laetitia Dablanc），2009 年 2 月出版；

《交通政策：前景和工具》，让-马克·奥夫纳（Jean–Marc Offner）著，2009 年 3 月出版；

《城市扩张和流动性》，马克·威尔（Marc Wiel）著，2010 年 4 月出版；

《空气污染与陆运的十年研究》，Primequal–Predit，2012 年 5 月出版；

《连贯的城市》，埃姆雷·科苏（Emre Korsu）、玛丽-海伦娜·马索（Marie–Hélène Massot）、让-皮埃尔·奥弗伊（Jean–Pierre Orfeuil）著，2013 年 8 月出版；

《陆运基础设施》，生态系统与收入，伊夫·卢金布尔（Yves Luginbühl）著，2013年9月出版；

《新的出行服务》，协调：托马斯·维达尔（Thomas Vidal），2014年1月出版。

致　　谢

本书通过第 4 业务组"物流和货物运输"（GO#4）两次获得 Predit（陆运研究与创新计划）的支持。该部门除了对本书进行重大资助外，其运营小组通过评估员和委员会一直向本书提供好的意见和组织高质量的讨论。因此，感谢 Predit 的成员和匿名评估员提出的意见，并感谢其常任秘书路易斯·费尔尼克（Louis Fernique）在本书成书过程中提出的中肯建议。

此外，我们衷心感谢 GO#4 的主席奥利维尔·莫雷尔（Olivier Maurel）、副主席娜塔莉·法贝－科斯特斯（Nathalie Fabbe – Costes）和首席秘书迈克尔·朱利安（Michel Julien）一如既往的贴心帮助和支持。最后，得益于 Predit 计划允许法国以外的团队参与研究，本书得到了来自加拿大和瑞士的团队参与研究。我们的跨国合作伙伴无疑为这两个项目增色不少。

我们还必须感谢工业执行经理们、卡西诺的供应链总监兼 Easydis 总裁朱莉·巴蒂奇（Julie Badiche），以及家乐福供应链总监兼 Déméter 环境与物流俱乐部总裁迪迪埃·蒂博（Didier Thiband），允许我们使用他们的数据，感谢他们的团队帮助我们挽回一些数据。由于关于数据的工作是在 Déméter 环境与物流俱乐部合并研究框架内进行的，我们还要感谢俱乐部工作组的成员为验证我们使用的信息作出的贡献。

最后，特别感谢"实物互联网"项目的同事们与我们分享了许多宝贵的意见，为形成本书所述的实物互联网的愿景作出了巨大贡献。

还要感谢塞尔吉奥·巴巴里诺（Sergio Barbarino）、泽维尔·佩罗丹（Xavier Perraudin）和伊夫·萨勒兹（Yves Sallez）以及参与上述项目的所有研究人员的付出。

评论节选

"互联网正在演变成一个伟大的物联网。今天，一种新的'协作共享'经济范式正在形成——它将资本主义经济的大部分边际成本降低到接近于零。无处不在的通信互联网正通过连接初期的可再生能源互联网和处于萌芽阶段的自动化物流和运输互联网扩大其全球影响力，创建了一个分布式神经网络，将通信、电力和移动性整合为一个操作系统——这就是第三次工业革命。在他们的新书《实物互联网：物流网络的网络》中，埃瑞克·巴洛特（Eric Ballot）、班旺·蒙特勒伊（Benoit Montreuil）和罗素·梅勒（Russell Meller）全面审视了如何利用互联网架构来反思物流，为社会经济活动在价值链上的流动方式带来了变革的前景。这本书值得商界广泛阅读。"

杰里米·里夫金（Jeremy Rifkin）
全球畅销书《零边际成本社会》和《第三次工业革命》的作者

序　　言

在规模、复杂性和运力能力显著提高后，物流业进入一个全新阶段。高速公路承载能力饱和、合格的作业人员短缺、环境污染、成本上升等问题，致使持续发展受到重重挑战。2013年12月，连全球快递行业巨头UPS也面临多方面挑战。世界各地的许多组织，包括美国物料搬运行业协会（Material Handling Industry，MHI），都在积极思考如何应对这些挑战，这些挑战将物流置于十字路口。

有人提出对策是电动汽车，有人认为是自动化，还有人认为是本地化供应，或这三个因素的组合。这些对策都有可能，但也可能不足以解决问题。很少有人考虑全面重组物流活动，这也正是本书的核心价值——考虑到所有的物流活动，它们是如何结合的，以及应该如何从根本上重构它们，并尝试对其影响进行审慎分析。

《实物互联网：物流网络的网络》呈现了一个令人惊叹的愿景，该愿景旨在通过效率和可持续性的重大改进来创造一个物流互联的新时代。为实现这一目标，实物互联网提出改变客观实物在整个供应链中的移动、存储、实现、供应和使用方式。正如数字互联网——不仅改变了计算机行业，也改变了我们所有人的生活——实物互联网将带来同样重大的影响。

实物互联网（PI）的概念对物流行业提出了巨大挑战。海运容器的出现使容器装卸系统和容器船的港口运营生产率提高了十倍。实物互联网凭借其智能化、标准化和模块化设计的容器，将在整个物流行业掀起新一轮创新浪潮。此类创新将改变货物流通技术的基本支柱，从而改造现有的配送中心运作模式，促成新一代的互联互通设施。输送机、货架、叉车、仓库管理系统、订单履行中心、越库作业设施、港口和货运车辆……一切都需要根据实物互联网来重新思考。

MHI 和其他行业组织最近合作制定了美国物流行业发展路线图，以解决长期的供应链问题并明确未来发展趋势。该路线图将实物互联网确定为迄今为止解决物流业中的各种问题和机遇的最有力举措。实物互联网和路线图都不是短期举措，我非常高兴看到今天的行业协会、私营企业、政府和学术界就解决方案展开合作，推动供应链领域的创新发展，为未来商业模式变革人类生活质量提升作出更大的贡献。

值得注意的是，目前物流在全球各地的发展不协调，被视为一个全球性重要话题。实物互联网倡议中的第一个资助项目得到了 MHI 旗下产业联系理事会（College Industry Council on Material Handling Education, CICMHE）的支持，后续资助由 MHI 的成员组织直接提供。自那时起，更多重大项目在北美和欧洲被启动，这些项目目前在 14 个国家/地区开展，最近也在中国启动了一些项目。

至少可以说，本书中描述的已实施的实物互联网带来了开创性的潜在意义。通过制造商、零售商和物流服务提供商的开放网络装卸、储存和运输货物，有利于美国和全球经济的发展，并显著减少温室气体的排放——这两个目标将有助于确保我们的生活质量持续提高。

我想借此机会祝贺并感谢这本远见卓识书籍的作者——他们是实物互联网真正的先驱。当实物互联网的历史写就时，除了 CICMHE

序　言

和 MHI，其他赞助商如美国国家科学基金会、加拿大首席科学家计划、加拿大自然科学和工程研究委员会、PREDIT 和欧盟研究与创新计划，都将成为这个"改写全球供应链规则"项目的创始人。

乔治·W. 佩斯特（George W. Prest）
美国物料搬运行业协会首席执行官

引　　言

你可能纳闷，本书的作者为何要对物流进行深入研究，并提倡对物流的结构进行重构？对许多人来说，物流这个领域要么过于简单（将物体从一个地方移动到另一个地方），要么过于专业（关于运输、储存、装卸、法规等）。简而言之，物流（军事除外）是一个似乎没有战略价值的经济领域。而且，这个领域似乎也运行良好。那么，为什么需要一番深入的反思呢？

看似简单，但物流这个领域事实上已变得越来越复杂，以便于更好满足企业在面对不断增长的客户需求时的各种要求。准时制（JIT）生产和次日达（即将成为当日达）的电商配送彰显了这一特点。就算物流的整体功能没有真正改变（仍然是将物体从一个地方移动到另一个地方），随着信息和通信技术的进步，航运集装箱运输、全球物流服务商、快递服务的改进，物流方式已经发生了翻天覆地的变化。总之，虽然物流的功能没有改变，但是物流的运作模式却发生了很大的变化。通过使产品能够在更广阔的地域内获得，并促进它们在全球各地的工厂生产，物流执行方式已经并且继续对社会产生影响。①

本书的主题是物流，它在大多数公司中无处不在，并影响着每一

---

① 我们将用前缀 PI–指代实物互联网的所有部分。例如，PI–中心。另请参阅本书结尾提供的词汇表。

位消费者的生活。本书的重点内容是全球物流活动的组织运营以及这些活动是如何高效率地满足社会需求。

我们需要认清的现实是，虽然在物流的运作组织和网络优化方面已有大量的投入，但物流的整体系统效率仍然很低下。特别是作为物流网络支柱的货运，并没有得到明显改善。

本书提出的主要论点是，在服务要求与环境影响之间的冲突日趋严峻的当下（这仅仅是行业所面对的众多冲突之一），只有构建一种新的、更开放的物流组织才能彻底提高行业整体运作效率。正如几项前瞻性研究所呈现的结果，若此项改变迟迟未能启动，我们非常有理由担心物流行业发展的未来。

本书提出了一个挑战现行实践模式的物流新概念：实物互联网。这是由加拿大魁北克省拉瓦尔大学的班旺·蒙特勒伊教授首先提出的，罗素·D. 梅勒教授和埃瑞克·巴洛特教授随后共同对该理念展开了后续深入研究。

本书第一部分描述的中心思想是：在新的时代背景下，相对于传统的专属化、封闭的网络运作模式，我们为何要在一个开放共享的网络中组织物流活动。在信息技术发展的推动下，虚拟数字世界的互联网取得了卓越的成就，我们尝试在实体物流领域重现这一成就，但需要考虑到数据和实物之间的根本差异。某种程度上说，这是将"信息高速公路"这一比喻重新回归到物流领域，用于重新反思并重构物流运作。

本书的第二部分将概述实物互联网的主要组成部分，即（1）容器（container），它将替代货物成为运作的对象；（2）枢纽（hub），它将成为标准化载具路由中心；（3）协议（protocols），它将保障整个系统的运作。这是书中专业概念部分，定义了承载实物互联网物流活动的组成部分。这部分内容既介绍了互联网原理的最初启发，以及实体物流运作和数字互联网的差异。简而言之，这部分内容介绍了实现实物互联网所需要的条件。

本书第三部分旨在融合之前提出的条件并将它们应用到快消品零售物流的一个实例中。为此，我们开发了一个实验平台并模拟了几种场景。该模型用于验证与实物互联网展开的第一阶段相关的一些问题，同时，该平台也用于测试实物互联网的不同设计方式。因此，我们测试了不同大小的标准化容器，以及不同的路由标准等内容。这部分内容说明了实物互联网比当前的物流组织模式更具优势。这一结果鼓励我们继续研究实物互联网并推进与行业合作伙伴的测试。

本书的第四部分介绍了实物互联网在全球推进的相关项目，包括欧洲和北美等地区已经开展或正在进行的多个项目。由于不同的背景和利益相关者，这些项目带来了额外的新观点，也带来了用于讨论和验证的新元素。需要重点指出的是：传统的本地化物流方式在全球化活动中局限性非常强。该领域的跨国合作将成为未来的必然趋势。

本书的第四部分还概述了需要做的其他工作，因为正如读者所理解的那样，我们描述的系统是一个正在开发中的新概念，是正在进行中的工作。实际上，这项工作不仅仅是停留在讨论阶段，而是正在为促进经济、信息技术、工程、政府、商业等互补领域的合作发挥作用。

此外，这样一个雄心勃勃的系统开发仅靠少数参与者是不够的。物流行业涉及全球多方相关联的主体。在实物互联网发展初期，为了确保一致性，相关的核心概念由来自学术界、企业界和政府部门的核心参与方发起，但未来这项工作必须向所有相关参与方开放。

为此，除了最初几个在加拿大、美国和法国工作的核心研究人员外，我们还与欧洲、美洲和亚洲的生产制造企业、政府和研究人员建立了联系来推广这一概念。这是实物互联网倡议的动力，目前该项工作仍主要以非正式组织形式推动。

服务该倡议的第一个工具是目前正在开发的官方网站。目前，它概述了所开展的主要项目，并提供了出版物链接和相关人员名录，但短期内的愿望是使其成为一个互动性更强的论坛，可以分析试验的结果，发布技术规格与标准建议，并供成员之间讨论。

如果您对这个概念和倡议感兴趣，您可以在以下网址找到最新信息：http：//physicalinternetinitiative. org。

同时，请关注我们的推特（Twitter）账户获取新闻提要：@PhysicInternet。

本书旨在让您深入了解实物互联网的最初构想。但最重要的是，这本书将激发您提出自己的想法，激发您对物流的现状和未来的讨论。因此，我们希望它有助于重塑传统且重要的物流行业。未来，我们就可以拥有一个更高效、更可持续、更环保的物流系统，同时为运营商和用户的经济和社会发展作出贡献。

希望您在阅读本书后会受到启发且有所收获。

目录

第一部分 一个全新的可持续物流网络

为什么要改变物流的组织？ // 3

 了不起的成绩！ // 3

 未来不可持续，物流模式需要改变 // 4

 当前物流系统的局限性和改变的必要性 // 5

  当前的物流系统 // 5

  改变的必要性 // 6

  当前物流的组织模式与解决方案的局限性 // 7

  已知且有效的解决方案难以广泛实施 // 12

实物互联网 // 15

 实物互联网的定义 // 15

 实物互联网 VS. 现代物流 // 18

  运输对象 // 19

  物流网络 // 19

  路径 // 22

  信息系统 // 23

  标准 // 24

  存储 // 25

运力管理 // 26
主要组成部分 // 26
　　一系列容器 // 27
　　合适的装卸工具 // 28
　　开放但安全的信息基础设施 // 29
　　需要设计的操作流程 // 31
　　创新的经济模式 // 31
　　合适的监管和法律框架 // 32

操作示意图 // 33
初见端倪的实物互联网 // 33
目标操作示例 // 34
　　作为消费者的你 // 35
　　X先生，企业总部的市场服务总监 // 35
　　Y女士，服务运营商GN物流的运营总监 // 36
　　Z女士，朗格多克地区一家葡萄种植合作社的"生产"主任 // 38

前景如何？ // 39
更具弹性的物流 // 39
更高效的物流 // 40
服务所有人的物流 // 42
新型服务 // 42
全球物流重组的可能性 // 44

初步定义和细节验证 // 46

第二部分　实物互联网的主要组成部分

实物互联网的容器 // 51

 模块化容器系统的优势 // 51

  开放网络中的自定义空间 // 51

  装卸标准化的优势 // 52

 实物互联网中的容器 // 53

  PI 容器的实际描述 // 55

  PI 容器的尺寸分类和模块化设计所带来的附加值 // 57

 PI 容器的装卸搬运 // 60

 PI 容器的信息描述 // 61

实物互联网的协议 // 63

 实物互联网层级：OLI 模型 // 65

  实物层 // 65

  链路层 // 65

  网络层 // 66

  路由层 // 66

  运输层 // 66

  封装层 // 67

  物流网层 // 67

 实物互联网各层提供的服务 // 68

  分层结构的前景 // 69

实物互联网的路由中心：枢纽 // 70

 枢纽：影响实物互联网性能的重要组成部分 // 70

3

各类型的枢纽 // 72

公路/铁路枢纽，新型多式联运 // 73

公路/铁路枢纽设计展示 // 75

公路/铁路枢纽的功能和架构 // 75

可行的公路/铁路枢纽设计示意图 // 76

公路/铁路 PI 枢纽的总体性设计 // 77

由公路/铁路枢纽处理的 PI 容器尺寸 // 78

公路/铁路枢纽的系统性设计 // 79

运作模式 // 84

公路/铁路枢纽的性能探究 // 85

可行的公路/铁路枢纽延伸方案 // 94

构成 // 94

存储 // 94

结论 // 96

第三部分　实物互联网的表现如何？

实物互联网的潜力 // 99

评估目标 // 99

实验方法和平台 // 100

快消品配送场景 // 103

所考虑的货运流：法国货运流的 1% // 104

定义互联的枢纽服务网络 // 110

"模拟"实物互联网枢纽网络的发展路径 // 111

通过初始协议来模拟实物互联网中的货运流 // 116

    当前操作：参考场景 // 116

    容器标准化 // 117

    容器的路由协议 // 119

    路由：找到最佳路线 // 123

    通过枢纽转运和出港优化 // 124

逐步推演实物互联网的潜力 // 126

    模型验证 // 126

    场景 // 127

    实物互联网对关键绩效指标的影响 // 129

        填充率 // 129

        各枢纽的中转次数 // 130

        交付时间 // 131

        二氧化碳排放量 // 132

        基础设施的使用 // 133

        库存 // 134

        物流成本 // 135

    一系列容器的优势 // 137

    路径标准的影响 // 140

    关于实物互联网潜力的结论 // 141

第四部分　现有项目和前景

提出并验证问题 // 147

    一个在美国探索问题的项目 // 147

全球性问题 // 148

网络性能根据推广率发生的变化 // 149

各利益相关者的问题 // 151

加拿大探索项目——满载移动网络：一项泛魁北克调查 // 152

问题 // 153

半挂车移动场景 // 155

通过实物互联网实现开放式分销网络，对单一制造商的潜在能源和环境效益进行估算 // 156

方法 // 156

主要成果 // 161

欧洲快消品领域项目：Modulushca // 163

比较实物互联网的概念与欧洲快消品物流的需求 // 164

评估欧洲供应链面临的问题 // 164

融合项目 // 164

实物互联网在中国的发展历程、技术创新、典型实践及未来展望 // 165

实物互联网在中国的发展历程 // 166

实物互联网在中国的代表性技术创新和实践创新案例 // 171

实物互联网在中国的未来展望 // 177

进行试验和排除障碍 // 179

推行实物互联网的第一个障碍：单个容器的填充率 // 180

探索枢纽设计：一个物料搬运行业支持的项目 // 183

铁路枢纽管理逻辑的定义：PI-Nuts 项目 // 186

OTC-KAYPAL©MR：提高开放回路中物流容器的可追溯性 // 187

CRC©服务：与零售配送合作试点的协同路由中心 // 191

目　录

Modulushca：在零售配送中设计和测试容器以及物流服务的

互连性 // 192

　　快消品的容器 // 193

　　互联物流的信息链 // 193

　　合适的流程 // 193

　　互联试验 // 194

绘制路线图 // 195

　　主要物流方式 // 195

　　推行实物互联网需要克服的障碍 // 197

　　　　定义容器 // 197

　　　　相关的物理资源 // 198

　　　　信息交流障碍 // 199

　　　　标准化 // 200

　　　　定义认证环境 // 200

　　　　定义互操作性流程 // 201

　　　　新的网络管理工具 // 201

　　　　利益相关者定位和经济模型 // 202

　　　　文化的变革 // 203

结语 // 205

术语表 // 209

参考 // 215

　　作为 Predit 一部分资助的项目的报告 // 215

　　互联网上提到的项目的报告或网站 // 215

　　　　实物互联网思想领袖 // 215

　　　　Modulushca // 216

CRC© // 216

OTC－KAYPAL© MR // 216

更多 // 217

参考文献 // 218

本书研究的贡献者 // 224

巴黎高科矿业学院——法国巴黎 // 224

拉瓦尔大学——加拿大魁北克省 // 224

洛桑联邦理工学院——瑞士洛桑 // 225

项目联系人 // 226

OpenFret // 226

实物互联网模拟 // 226

OTC KayPal© Mr // 226

CRC© // 227

Modulushca // 227

PI－Nuts // 227

满载移动网络：一项泛魁北克调查 // 228

潜力估计：实物互联网支持的为单个生产者而设的一个开放配送网络 // 228

CELDi 项目 // 229

后记 // 230

第一部分
一个全新的可持续物流网络

在本书的第一部分，我们将介绍考虑采用新型物流系统的动机。人们可能会质疑，如今物流的服务水平已经非常高，是否有必要进行根本性的改变。我们将证明，在这种斐然的成绩背后，是越来越多的冲突，我们认为，这正是我们需要一种新系统的原因。

我们将证明，我们可以围绕一个想法重新思考物流组织：物流服务网络的互联。互联已经存在于其他类型的网络中，特别是电力网络或公共（客运）交通。但随着数字技术的发展，互联网的应用产生了最为人瞩目的效果。实物互联网倡议旨在定义一种新的方式来推动物流领域发生类似的变化。换句话说，与货物的运输、储存和装卸有关的一切。因此，我们着手描述、定义和开发这个雄心勃勃的项目。

在本章的后续部分中，我们将重点关注两个层面的研究所产生的具体例证。第一层是局部层面，主要探讨实物互联网如何让我们重新思考运输，以容器为基础元素，通过协议在枢纽之间协同运作。第二层强调网络的整体性能，特别是基于互联枢纽网络。

为什么要改变物流的组织？

🔍 了不起的成绩！

在发达国家，当前的物流系统提供了人类历史上前所未有的服务水平。我们可以举几个例子：您可以在48小时甚至24小时内将包裹送到世界各大经济中心；可以按照生产线上所需的顺序，在两小时内将零部件运送至汽车工厂；可以以几分钱的价格从亚洲运送衣物；甚至可以将全世界只有几份副本的文件直接送到您家。诸如此类最近才出现的服务还有很多，现代社会对这些服务的消费需求如此之高，这些服务已经成为现代社会运作和经济增长的基础。

物流在过去50年的显著发展是多种因素共同作用的结果。尤其是运输领域的技术创新、商业模式创新以及丰富的自然资源支撑。海运集装箱的出现，成为全球范围内货物运输的基石。事实上，物流已经变得非常高效，以至于生产基地可以分布在世界各地。这样一来，为了降低劳动力和能源成本，产品可以从一个大陆运往另一个大陆，再配送到世界各地。然而，我们注意到生产系统对物流的高度依赖性，这些已有的条件一旦发生变化，将会带来严重的影响。例如，燃料价格大幅上涨或排放税的实施将导致运输成本上升；海运或空运航线中断，将改变当前的生产和物流结构。这揭示了供应链缺乏韧性这一主要弱点，但正如我们看到的，它并不是唯一的弱点。

矛盾的是，鉴于物流的现状，我们提出明确假设，即物流的指数级发展建立在交通运输技术的快速进步和丰富的能源资源的基础上，最终，这种发展是不可持续的。实际上，资源消耗和温室气体排放的速度违背了可持续发展的目标。此外，物流的快速发展导致了很多低效率运作方式的出现，一旦物流不可持续的迹象表现出来，我们将有必要改变物流既有的模式。

未来不可持续，物流模式需要改变

由于其战略性质，物流的未来一直是研究人员、机构和制造商研究的课题之一。其中一个共识是，由于资源消耗、交通拥堵、环境污染和二氧化碳排放，物流的发展正面临严重的可持续性挑战。

图 1 清楚说明了法国货运量的增长（以吨公里计算）和相关的二氧化碳排放量如何偏离了欧盟定下的目标：2050 年前，二氧化碳排放量减少 60%。我们注意到，尽管通过技术进步、装载改进、生态驾驶等努力来减少这些排放，但结果仍然是货物运输排放量的净增长。显然，对于增长甚至稳定交通流量，需要转变解决思路，即降低碳排放量不能仅依靠改变运输方式来实现。

此外，还必须指出，我们认为这一结论（这里得到法国数据的支持）仅代表全球物流问题的一小部分。诚然，新兴国家的货运量以及资源消耗和排放呈指数级增长。简而言之，这是一个全球性问题，需要与之相适应的应对措施。

为什么要改变物流的组织？

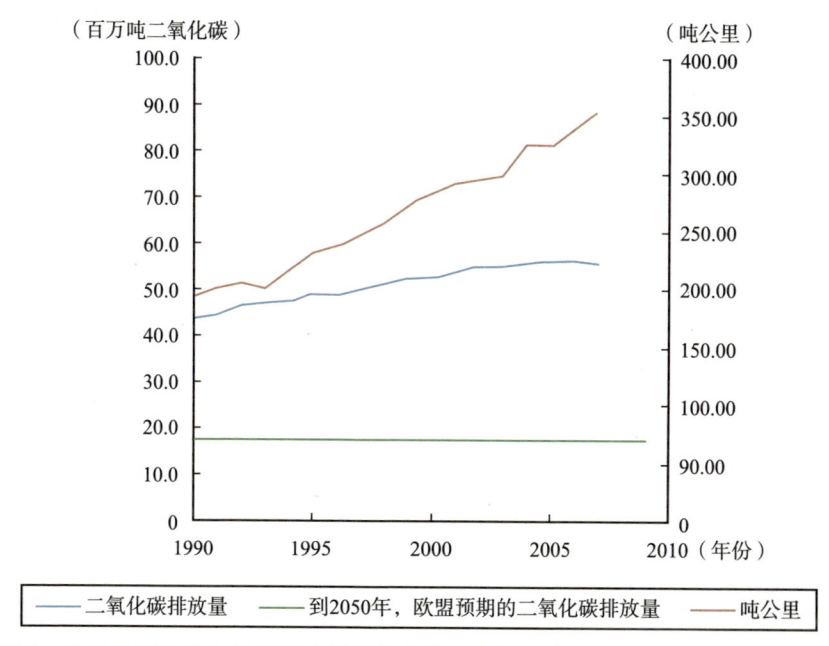

图1　比较法国公路交通货运流增长的变化、二氧化碳排放量和2050年排放目标

最后，虽然这张图令人印象深刻，但它只揭示了问题的一部分，仅考虑了通常情况下单一交通方式的排放数值——20吨公里，即一辆载重20吨的卡车行驶1公里的排放量。这与20辆卡车，每辆载重1吨的货物在废气排放、交通拥堵等方面造成的后果将大不相同。

当前物流系统的局限性和改变的必要性

当前的物流系统

物流呈现出绝对简单的表现形式：将货物从一地运到另一地，进行集拼、分拨、储存或装卸搬运。这种简单的外表实际上非常具有误导性。由于操作步骤很多、它们内在的动态特性很复杂，以及影响它们的诸多不确定性，这是一项极其复杂的活动。因此，从逻辑上讲，物流的组织方式是尽可能简化这些操作，使其能够提供经济有效的服务。对于陆运来说，这种组织呈现出两个主要特征。第一是物流网络有较强的专属性。物流网络通过自营或外包的形式，将供应商以及消费者进行连接。这些物流网络通常仅服务于某一专属细分领域，例如快消品物流，甚至专门服务某一个特定客户，例如汽车制造商。第二个特点是，使用卡车作为首选运输方式。因其数量众多、价格较低，以及较好的可达性等特点，受到行业的青睐。

■ 改变的必要性

随着JIT（just-in-time）制造、国际贸易，以及电子商务的发展，客户对于物流服务的需求正在发生变化。

在产品多样化的背景下，JIT生产制造模式要求，以需求拉动式的理念，以短期需求为目标提供精准数量的产品。JIT模式旨在减少成品库存和缓冲库存以及其他形式的浪费，但这种生产管理策略经常因其对运输造成额外的压力而受到批评。

贸易国际化虽然由来已久，但在很长一段时间内数量仍然很少。随着世界贸易组织的大陆自由贸易协定出现和贸易结构化，国际货物流动在价值和数量上都大幅增加，逐渐在以往20年或30年前不存在的经济区之间建立相互依存关系。因此，对全球物流解决方案的需求也相应增长。全球物流的一个重要支撑是国际标准海运集装箱。图2显示了自1980年以来海运集装箱量的增长。尤其是1990~2008年，在不到20年的时间里，全球集装箱运输量增长了500%。

为什么要改变物流的组织？

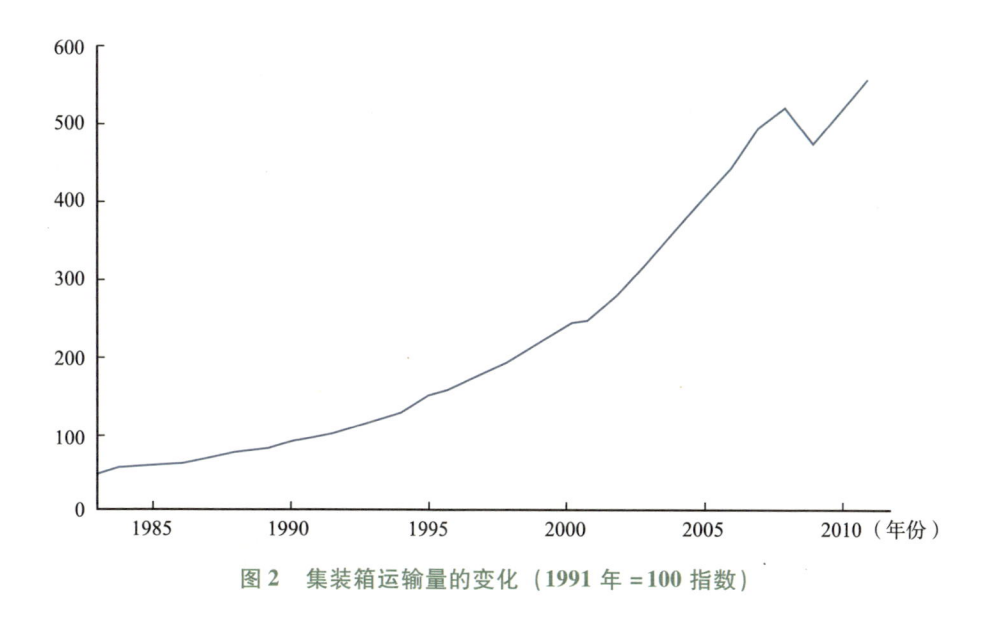

图 2　集装箱运输量的变化（1991 年 = 100 指数）

在大量国际货运的另一端，电子商务的发展也在改变物流的性质。物流不再只是将货物运送到数量有限的大批量消费的站点，而是频繁地将小包裹从众多商家站点配送至收货人——送到他们的家里、工作地点或附近的某个地方。

自工业革命开始以来，物流一直以供应链中的大量生产和散装运输为主，通常使用铁路作为运输方式。然而，我们现在正目睹个性化甚至"原子化"物流的出现，其覆盖范围越来越广。

■ 当前物流的组织模式与解决方案的局限性

上文简述的趋势自然会改变物流运营商的组织和选择，他们正在寻求针对这些趋势做出相应的解决方案。然而，当前组织形式的局限性最终导致了运输和物流运营的低效。在此，我们重点阐述一些关键要素。

首先，在当前模式下，物流网络依赖于某一具体业务而构建。一个网络主要供一家公司使用，无论是制造商还是零售商。无论公司规模如何，它通常不可能直接为所有客户提供物流服务。其结果是，将公司的库存集中在工厂和客户之间的某个仓库中。这种做法如图3所示，其中工厂（黑色方块）将产品送到中央仓库（黑色三角形），然后再发送到两个客户（红色棱形和蓝色圆形）的站点。这种做法集中了工厂和仓库的运输量。

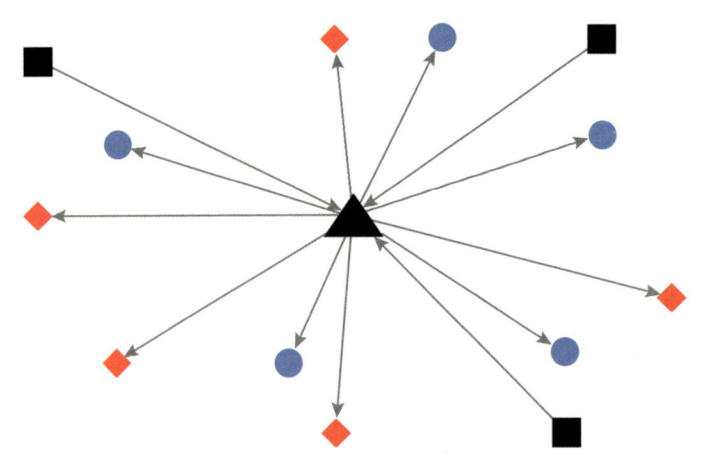

图3 一个制造商（工厂＝黑色方块，仓库＝黑色三角形）和两个配送网络（红色棱形和蓝色圆形）

在这种模式下，库存上限的设置导致了迫不得已的中转运输。物流服务供应商只能在各自的区域内进行局部的运作优化。为了保证优质的服务水平，仓库的规模应根据每年的物流高峰来确定，这意味着在一年中的剩余时间里，仓库将不会得到充分利用。这种资源投入自然是效率低下的根源。

为什么要改变物流的组织？

若将之前的网络与服务相同客户的另一家公司（黄色三角形）的物流网络叠加（见图4），我们会看到独立物流服务的倍增以及由此导致的局部优化的空间。

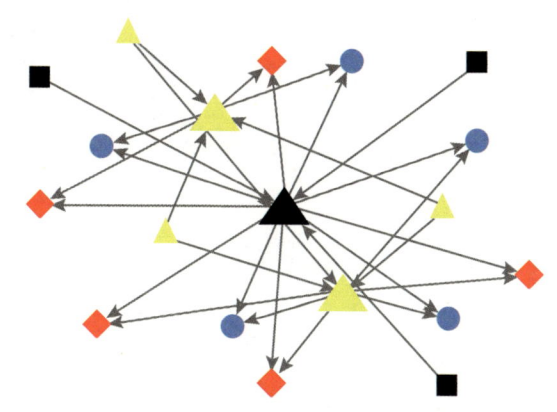

图4 叠加两个生产商为相同客户服务的两个物流网络

因此，正是由于公司对其物流网络效率的追求，出现了集中式存储和分拣的组织形式，这些模式允许工厂和供应商的产品在发送给最终客户之前进行集拼。虽然它有利于运输满载率的提升和降低库存的影响，但这种做法不可避免会导致多次转运。这些中转不一定使产品更接近目的地。此外，我们注意到这种"走弯路"会增加产品等待的天数，可能是几天甚至几周，等待下游订单来履行。这种做法产生了一个悖论：尽管我们在跨境距离尺度下要求做到交货期以天甚至小时为单位来计算，但大多数产品的库存保有量仍达到数周甚至数月的水平。运营商通常更多地考虑提升运输工具的满载率并保护自身免受库存短缺压力。

多个供需量小、交货期短、独立且碎片化的网络叠加在一起，使得运输满载率的提升变得相当得困难。欧洲的统计数据显示，3.5吨以

实物互联网：物流网络的网络

下的卡车平均装满了其最大重量能力的 50%~60%①。图 5 是一个更接近通常状况而不是例外的图示。

图 5 运输工具装载的难度图解——卡车拖车内部

最后，并不是说一种运输工具在重量或体积方面被完全填满了，它们的使用就被优化了。实际上，在产品运输过程中的支撑固定和包装材料方面，浪费了很多的体积和重量。此外，尽管货物体积达到满载上限的情况越来越常见，许多业务场景中只关注重量而不是体积。按重量定价导致了一个问题，如图 6 所示，一个包裹的 2/3 体积是空的。由于缺乏与出货量相关的可靠统计数据，我们无法全面了解情况。

---

① 另外，就容积而言，我们不知道它们是如何填充的，且我们没有此类针对铁路运输或轻型商务车辆运输的数据。

10

为什么要改变物流的组织？

图 6　大约 30% 填充的在线销售包裹的图示

所有这些不利于有效使用运输工具的因素共同作用，导致了公路运输低效的结果。图 7 总结了卡车车队的生产力效用分析，数据来自麦金农等（Mckinnon et al.，2003），方法来自巴洛特等（Ballot et al.，2010）。

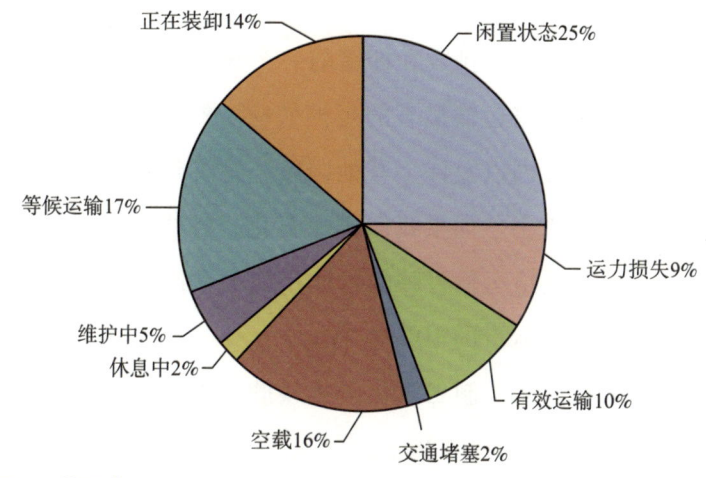

图 7　英国食品行业在 24 小时内大约 1000 辆卡车车队的运力使用情况

实物互联网：物流网络的网络

我们可能会把这种让人失望的表现归咎于公路运输。但这是不对的。托运人和承运人并非对低效运输感兴趣——他们本可以从中获益良多。但当前的框架内存在结构性限制，特别是从组织和监管的角度来看。此外，虽然我们没有关于铁路运输问题的公开统计数据，但不难想象，结果要好得多。

当货物进入城市时，运输会更低效，城市同时拥有人口（以及消费）密度，以及对空间的大量竞争性需求。结果是物流活动越来越远离市中心，使往返的行程倍增，尤其是在每次货物装载量不高的情况下。至于使用最小车辆（有效载荷小于3.5吨）进行货物运输，虽然无法收集足够的关于这些车辆的运输数据，但从能源和经济角度来看，它的效率也不高，这些轻型车辆在法规的约束和犹如毛细血管一样分布细密的货运流量下，正成为"最后一英里"的主要运力。因此，城市中心拥堵的恶性循环开始了，进一步降低了物流效率，导致无效运输越来越多。

■ 已知且有效的解决方案难以广泛实施

针对陆路运输造成的排放和拥堵的一个长期已知的解决方案是铁路运输，这得益于铁路运输显著的规模效应。然而，我们观察到，从洲际层面来看，在法国以及许多其他国家，这种运输方式在所有货物运输中所占份额相当小。如果我们排除石化、谷物和建材等大宗产品的运输——这也是铁路运输青睐的行业，如今铁路运输其实被边缘化了。铁路只占法国货运量的10%左右。

然而，如果我们从控制二氧化碳排放的角度来看，在法国，火车的运输表现优于卡车几乎有20倍之多。当然，有很多原因可以解释铁路为何未能充分发挥作用。回归我们的主题，我们必须注意到货运列车这种运输方式和现实需求之间出现了差距，由于对速度和准点运达的越来越高的要求，铁路运输这种方式已经不太合适。

各方正在研究解决方案，以满足铁路大运输量和规律化的运输需求，从而使铁路运输产生一定的吸引力。其中一种解决方案是"集拼"（pooling），通过合并几家公司的物流服务以共享铁路运输模式，从而从规模效应中获益。但是，这种组织方式需要利益相关者的结构化投入和大量协调，因此，除了几个典型的例子，这个方案并未被广泛采用。

但是，如果考虑集装箱海上运输，就有一个"集拼"运输的成功的例子，我们在前文曾提到过。但是请注意，这不是需要大量协调的集拼，所有托运人在一个体系化的系统内共享资源而无须特殊的协调工作。这是怎么实现的？我们认为，这依靠的是标准化的集装箱和运输协议。这种标准化使装卸搬运和海上运输的价格大幅下降，因此这种运输方式特别具有吸引力。图 8 显示了在 50 年的时间里，从美国芝加哥到法国南锡，一箱药物的成本变化（不含关税）。

根据《盒子》（Levinson，2006）提供的统计数据，1960 年送货上门成本为 2386 美元，这是一个相对高昂的成本，可能占产品价值的 25%（不含关税）。运输成本，尤其是通过港口的过境成本（存储、包装、多次搬运、中介、码头工人等），是国际贸易的真正障碍。1960 年以美元计算的送货上门成本按 2010 年的价值来算，为 14912 美元。但事实上，得益于集装箱运输的引入，2010 年相同服务的成本仅为此金额的 30%。如果我们仔细检查，会发现公路段的成本变化不大，而海运成本几乎变为原来的 1/4，而通过港口的过境成本降低到原来的 1/10。这是一个典型的例子，展示标准化是如何带来规模和高效的——即使与低效的卡车运输一起使用也是如此。

实物互联网：物流网络的网络

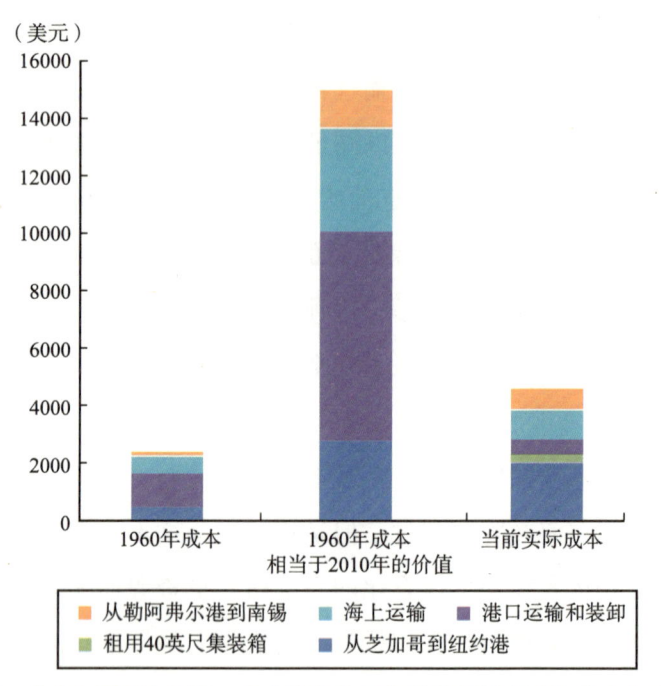

（美元）

图8　从芝加哥到南锡的一个完整的海运集装箱运输成本构成变化比较

资料来源：原始数据来自麦克·莱文森（Marc Levinson，2006）的《盒子》一书，当前数据来自多个来源。

"盒子"给海运带来的高效从未转移到陆地上。航运集装箱不太适合陆路运输，主要因为尺寸问题。陆运的货物通常连带托盘一同运输，带板运输使得重型货车的空间利用率非常低。因此，尽管集装箱运输在海运方面取得了巨大成功，它却只能用于海运领域，并且必须要与铁路运输结合。

目前的问题是，如何在一组非常多样化的物流网络中找到规模（从而提高效率），无论是在运输方式还是物流单元方面，它们通常在尺寸和机械强度方面都不兼容。在这些问题得到解决前，考虑信息系统甚至管理系统都显得为时过早。

实物互联网

为了应对我们当前物流系统的局限性，我们提出了一个新的物流组织形式。这个新的组织形式基于物流服务的通用互联。换言之，它创造了一个我们称之为"实物互联网"的物流"互联网"体系。创建"实物互联网"的主要原因是，受限于当前的物流组织形式，运营商无法找到更好的解决方案。

实物互联网的定义

"实物互联网"这个术语是班旺·蒙特勒伊提出的，他的灵感来自 2006 年 6 月 17 日的《经济学人》杂志封面上的标题：实物互联网（仅涵盖标准物流运作）。

这个术语，自然让人想到这是个类似于当今互联网技术（IT）网络的实物网络，这些网络最初因各种不兼容的技术而没有实现互联。因此，每个网络运营商都必须建立一个特定的接口，以便在技术不兼容时能与另一个网络进行通信。随着时间的流逝，人们认为，这些专用接口成了阻碍增长的因素，因此人们希望将这些网络互联实现标准化。

实物互联网：物流网络的网络

　　这种互联是通过寻址系统和中间协议层（TCP/IP4）[①] 实现的，互联网（此处称为"数字互联网"以区分"实物互联网"）实现了所有网络的连接。从技术角度来看，这一进步包括在数据和所使用的每个网络的特定协议之间纳入新的协议。因此，每个网络将互联网协议和消息内容一起作为单个数据传输到互联网路由器。在网络之间的连接上，互联网路由器恢复TCP/IP和数据，然后按照自己的协议将它们传递给网络。这是封装过程：将一种协议（在本例中为TCP/IP）合并到另一种协议中，而不考虑另一种协议是什么。标准化方面的进展不仅促成了我们今天所熟知的计算机网络的诞生，还理顺了各个经济领域，如电话系统、电视广播。此外，数字互联网还改变了网络的用途，涵盖了整个经济和社会，包括电子邮件、点对点通信、网站、社交网络等。

　　数字互联网本身在不断发展，特别是网际协议第6版（IPv6）大幅增加了可用地址的数量。这使得互联网地址可以与所有对象取得关联，因此可以从任何终端（包括其他对象）进行通信。这就是我们所说的物联网（internet of things）。它旨在通过处理能力、感知能力和网络连接将物体变得"智能化"。物联网并没有打算彻底改变商品的物理移动方式，但提供了一种有助于实现实物互联网的技术。

　　因此，实物互联网的核心思想是网络的互联，从而形成"网络的网络"。但是需要定义这种互联的方式：

　　实物互联网是一个全球物流系统，基于一组标准化的协议、模块化的容器和智能化的接口来实现物流网络的互联，以提高物流效率和实现可持续发展。

---

① TCP/IP＝传输控制协议/互联网协议。

（该定义由班旺·蒙特勒伊、罗素·梅勒和埃瑞克·巴洛特于2011年提出。）

在我们深入理解这个定义以及如何实现实物互联网之前，我们需要注意的是，数字互联网和实物互联网之间的相似之处虽然很明显，但其实也不是绝对的。也就是说，信息传输协议不能直接转移到商品传输协议。信息和物体的物理特性差异太大了。然而，我们努力遵循基本原则，即互联互通，以及探索其在广义物流操作中的潜力。

实物互联网的这个定义表明了物流网络互联互通的一个主要原则：货物"集装化"的一种新形式。除了海运集装箱外，这种模块化的容器原则还扩展到更小的模块化尺寸，从而同时增加空间利用的收益。容器的最大尺寸将受限于基础设施的投资规模：道路、桥梁、隧道等，而容器的最小尺寸将受限于包装。

为了实现空间利用的增益，我们意识到要实现容器模块化，必须为货物确立安全的私有荷载，以便实现从专有网络到开放网络的迁移。同时，通过模块化容器和针对实物互联网的设计，装卸搬运、堆叠码放和信息识别变得更为方便。其基本思想是，尺寸和接口的标准化，就像航运集装箱一样，它带来的好处相比而言更多，它使整个行业能够自我协调，并基于规模效应拓展出更多的高效解决方案。此外，通过了解海运集装箱的历史，我们可以看到其用途将远远超出海运运输，航运集装箱可用作工厂、供学生使用的空间、当地商店等。因此，我们希望发明一种工具，可以用于运输和搬运，以及装载和存储，同时可以实现其他衍生用途。

在开放网络中追踪运输货物不像在私有化网络中那般容易——涉及数量、状态、温度等。因此，实物互联网的推广需要为每个模块化容器推出标准化的单独跟踪和路径工具，使发货人能够像在私有网络中一样跟踪和监控途中的货物。如果出现问题，这种可追溯性将有助于轻松识别各方责任。

最后，还需要制定相应的规则（此处称为协议），定义了要应用于容器中的每个步骤，以确保不会与既定目标之间有任何歧义。例如，这些规则应定义将容器从一个运营商运送到另一个运营商的规范、确保责任转移、交通优先级管理等。这是规范的一个例子，每个运营商都可以根据自己的技术以自己的方式应用这些规范。例如，在复杂的分类设施中，可以对一组小容器进行分类和组装，或者根据情况进行人工分类和组装。

不难想象，如果实施这样的系统，将显著改变服务商的角色及其商业模式。我们稍后会回到这一点上。

实物互联网 VS. 现代物流

上述定义不仅指明了物流运作中的不同组成部分，而且为打破现有物流组织开辟了道路。我们现在解释这些不同点。

两种物流组织形式之间最显著的差异如表 1 所示。

表 1　　　　　　　　当前物流与实物互联网的关键不同点

功能	现有物流	实物互联网
运输对象	货物	模块化容器
物流网络	特定专属网络	开放、共享网络的网络
路径	固定路径	动态路径
信息系统	专属信息系统	基于物联网的云端服务平台

续表

功能	现有物流	实物互联网
标准	标准的运输模式	以市场为导向的标准化接口、标识和协议
存储	时间密集型（集中式）	分布式部署逻辑
运力管理	私有	以市场为基础的共享

■ 运输对象

在运输对象方面，现有网络必须适应各种类型和型号的包装物。一些经过设计和优化的包装和托盘，可以实现较好的装载率，前提是使用单一类型的包装。运输网络的专属化减少了一些装载空间损失，在供应链上游，货物相对统一，包装可以在一定范围内进行优化。在供应链下游，随着货物的多样化，这种优化的可能性变得很有限。缺乏模块化的包装尺寸导致了各种混乱，不仅造成空间损失，而且因包装的挤压、装载的不稳定性而造成的产品损坏的风险也显著增加。

通过设计一组有特定强度的模块化容器（它们可以与彼此组合在一起），尺寸和强度的精确设计可以最大限度地减少空间的浪费和包装挤压带来的货损。然而，模块化容器可选的尺寸有一定限制。我们必须解决的问题是，与当前包装相比，如何平衡模块化容器尺寸多样性和装载空间优化率之间的关系。

■ 物流网络

让我们将当前的物流服务抽象为一张张的网络。我们会发现，除了一些特定案例，这些网络在很大程度上没有相互关联，并且管理这些网络的信息也没有标准化。因此，每家公司都会根据自己的业务去规划自己的网络，即使部分物流服务会被外包出去。该网络一方面由工厂与仓库之间的运输链路组成，另一方面由同一仓库与客户之间的运输链路组成。这种网络结构很难动态改变，除非企业将物流服务外包，即便是外包，也会通过服务合同对物流网络进行限制。一旦物流网络被规划好，就会确定存储节点，产品向市场的交付路径亦会确定。当一些外部条件发生变化时，物流网络有必要进行调整。如果物流服务有旺季和淡季之分，网络将先过载然后负载不足，这种基于固有运力的网络将很难适应动态的需求变化。

如上所述，每家公司都构建了一个类似于如图 9 所示的网络。

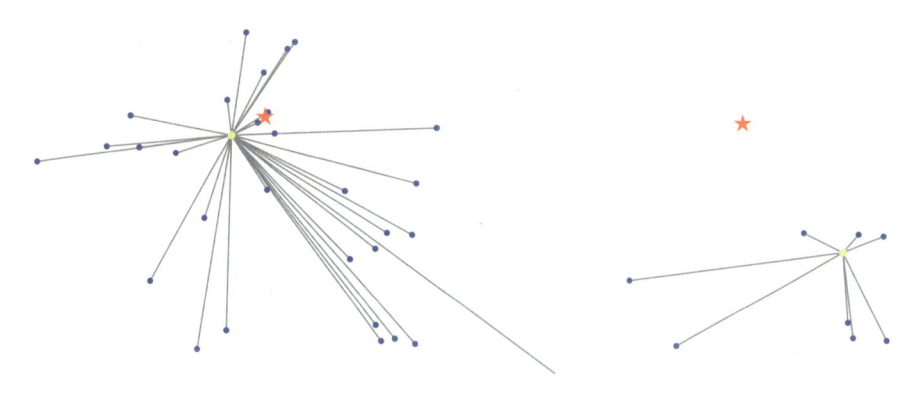

图9　法国的两条食品供应链示例（星号是巴黎）

当前物流的复杂性源于每个国家都有成千上万个独立运行的网络，这些网络叠加在一起，呈现了如图 10 所示的状态。

尽管有一定片面性，图 10 形象地说明了当前物流服务网络的混乱以及通过集拼方式对其进行协调和整合的困难性。

实物互联网

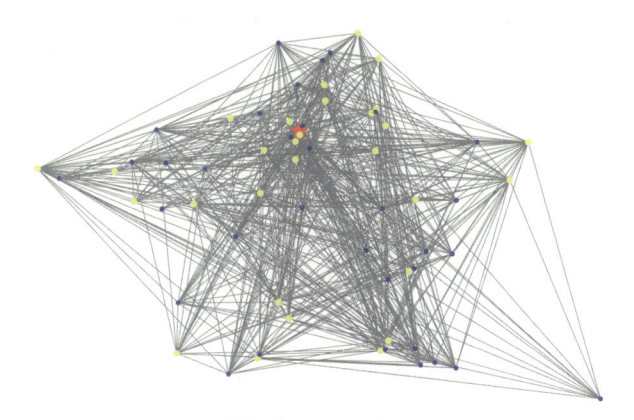

图 10　叠加法国几条食品供应链

现在让我们考虑一下如果将货物放在标准的模块化容器中可能会发生什么。实物互联网将根据需求对模块化容器进行拆分与组合，以最有效的方式实现运输、储存和装卸搬运等操作。在此框架内，一个模块化容器可以送达网络中的任何节点。如图 11 所示，在服务相同数量节点的情况下，网络将会发挥规模效应，呈现更清晰简洁的网络结构。

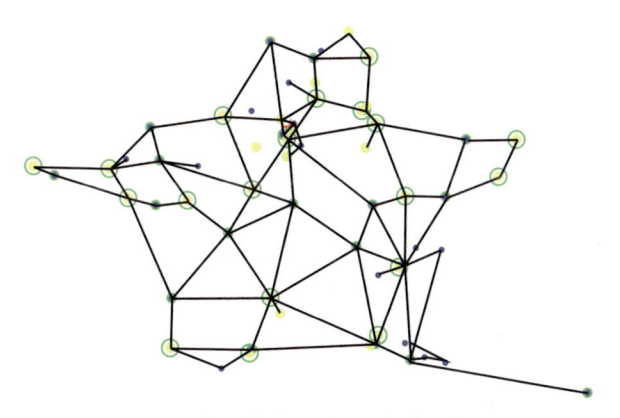

图 11　服务于与图 10 相同点的网状网络

21

显而易见，我们可以发现由于每次运输的装载量增加而直接导致运输的次数减少。这最终会提高运输效率。相比之下，我们可以合理地质疑在这样一个网络中，是否真的需要实施如此之多次的转运（或者越库操作），通过改善转运，将致使每一批货物行驶的里程/公里数减少。这一方面将在稍后进行研究。

在此示例之外，还可以预见其他改进：

○ 由于消除了通过中心仓库的系统性中转，运输需求得以减少，这平均为国内产品送达消费者的过程中增加了超过20%的绕路。

○ 不仅在自有仓库中，而且在所有开放的物流中心（枢纽、配送中心、仓库等）中都可以存储模块化容器。

○ 这个系统可以更快适应市场变化，因为这是在已有物流网络中设计路由，而不是构建新的专属物流网络。

○ 当然，集装化的产品也可与其他公司的产品放在一起运输。

最后，这个网络将不再是归属于一个企业管理或限制在一个区域内的物流网络，而是一个抽象网络视图，其中每个分支都可以由一个或多个公司运营，就像网络的枢纽和其子网络由不同的运营商运营一样。

路径

当前货运的路径完全由所选网络或运营商定义。一旦作出这个选择，几乎没有其他选择。该组织向每个服务商及其客户确保其业务将重复进行，从而使他们更容易找到承运人、保证交货时间等。但是，如果遇到问题，例如罢工或恶劣天气，则很难找到替代方案，并且物流效率会降低。相比之下，一个更分散和更共享的架构可以作为替代方案，因此更稳定和更有弹性。这是数字互联网的特性之一。事实上，它是一个配备了动态路由工具的网络，并且路由会定期更新，使得其组成部分能更准确（尤其是路由器或连接），而不是像传统网络中的一系列组成部分那样。

在实物互联网中，每个容器都有特定的路线，与数字互联网相比，这是额外的功能。在开放网络中需要此功能，因为多个具有不同要求的货物需要共存：最低成本、保证的交货时间等。因此，动态路由提供的灵活性需要容器的分类规则和程序，以便提供所需的服务。

信息系统

物流信息系统已经建立在它们所控制的实物网络之上。就像它们的对应物一样，它们已经获得了独立且专业化的发展。此外，还有用于交换信息和创建网关的工具。然而，就架构而言，我们仍然为每个网络保留集中式系统。

相比之下，实物互联网的原理依赖于一组网络的互联——因此是去中心化的。这个想法是，容器本身或网络设备本地捕获的信息——装卸设备、运输工具、存储槽等，能够在数字互联网上使用，使利益相关者能够在安全的环境中使用这些信息。这正是物联网的目标之一。此外，在此框架内开发的技术，不仅可以"访问"对象，而且还能在本地开发此环境中的元素，从而增强交互。因此，它是一个已经实施并且必须加以利用的新的主要设施。在这些对象中，我们将重点关注物流对象——容器、运输工具、装卸设备等，以及它们之间的相互作用。

实物互联网：物流网络的网络

物流情况信息的获取和发布，只是影响物流决策的信息链中的第一个环节。将此信息提供给不同的利益相关者，需要允许在云端出现多种类型的应用程序，由于它的个性化，新的货运流控制逻辑不仅能利用更全球化、更精确的概览网络，而且网络管理应用程序能够完美了解其操作。因此，将容器从一个枢纽运输到另一个枢纽，是根据给定配送网络的条件制定的物流决策，同时代表了实物互联网在该操作发生的精确时刻的性能。

标准

无论是在信息系统还是在实物系统方面，物流发展所依据的不同地方基础，在很大程度上解释了彼此之间普遍不兼容的标准和解决方案。

正如我们所知，在尺寸方面，不同国家、行业和公司有着不同的包装、包裹、容器和盒子尺寸要求。我们还发现，不同国家之间的托盘也存在差异，即使在欧洲，尺寸也可能不兼容。尽管如此，每个区域的托盘都适用于这些设备：卡车、货架等。此外，托盘与运输容器不兼容，与卡车拖车等相比，会损失运力。

在信息方面，情况具有可比性，尽管在供应链中，行业的特定标准可以非常有效地支持汽车制造、超市零售、电子制造等，但请注意跨供应链交互的发生。电子板制造商既可以属于汽车供应链，也可以属于航空供应链，当然也可以属于电子供应链。迄今为止，还没有涵盖所有需求的系统，这需要供应链中的利益相关者增加用于连接其他组织的软件系统。

■ 存储

如上所述，物流网络因每个客户而异，因此需要集中化才能提高效率。考虑到经济运输量以及缓冲库存来补偿需求的可变性，这种集中化影响着必要的库存水平。开放网络能否挑战这一战略？

让我们想象一下网络如上述那样呈网状连接。货物不再需要根据运输工具的尺寸来进行调整，因为有符合需求的容器。此外，货物直接运往有需求的地区。在这种情况下，"中央"库存将位于源头，例如工厂，以减少系统中的库存。然而，为了缩短常见消费品的交货时间，将产品放置在靠近客户的位置可能比较好。想象一下，枢纽（路由器）以及网络中的其他节点，除了它们的其他功能外，还配备了存储能力，这就开辟了在许多位置存储库存的可能性。当有客户需求时，检查网络中的库存位置以选择最能满足它的库存位置并进行调整，以满足未来的需求。与目前的组织形式相反，供应链应始终能够将产品重新定向到需求，而不是像现在这样，存储在南法的产品必须在南法消耗掉，即使它闲置的同时北法需要它。这种单向、结构化的产品配送流程是限制新信息系统与更高效的运输系统相结合的另一个因素。

可以理解的是，网络中分散存储的可能性为库存管理和供应链提供了全新的前景。然而，根据不同的行业和利益相关者，从库存管理和运输的角度来看，理论和实际的收益仍需要评估，因为这种存储方式取代了紧急的长途运输，而采用了较短的调整行程，要求具有较短的交货时间。

实物互联网：物流网络的网络

■ 运力管理

服务提供商的运力目前被认为是完全私人的信息。因此，在给定时刻没有使用的运力，其所有生产、储存和运输的信息都会损失。设备成本特别高的航空领域一直关注着这个问题，并制定了两种互补的方法来管理其运力。第一种方法依赖于一个用来发布固定价格运力的系统，该系统可供行业内的所有利益相关者使用。这样一来，客户能够比较票价，并预订涉及不同航司的旅行。第二种方法使每个利益相关者能够根据他们的运力管理系统和预期收入来改变他们的价格。

这个例子解释了什么是运力发布和管理。运力发布和管理，通过分享足够的信息来帮助各方了解服务能力，而不是简单地展示当前的运力数据。可以说，这种系统已经经过货运交换的测试——需注意，这些货运交换还没有达到预期的结果。然而，货运部分（海运除外）并不是围绕枢纽而组织的，这使货物能够从一个运营商送到另一个运营商手中。路径变得非常具体，走弯路则会让评估变得烦琐。每个运营商都对其运输的部分加以保密，并且仅发布需要使用的相对无利可图的部分，因此大大减少此类系统的用处。

主要组成部分

此处描述的主要组成部分仅供说明之用。实际上，我们必须明白，实物互联网是用于开发高效物流服务接口的一系列想法。因此，利益相关者需要找到支持实物互联网的最佳解决方案和技术。以下内容描述了目前在我们看来必不可少的条件。本章简要介绍了这些条件，我们将在下一章中再次讨论其中的部分内容。

■ 一系列容器

乍一看，标准化容器的使用，是推出实物互联网的主要先决条件（和障碍）。为什么还要坚持使用它们呢？有几个原因。

第一，必须在更加开放和共享的框架内保护货物，从而带来产品安全和识别问题。标准化容器是一种实物保护并匿名储存货物的方法。

第二，实物互联网必须考虑到一个不可分割和一致的单元，因此需要配备一个唯一的可与 IPv6 地址相关联的标识号。这种能够实现物联网的寻址模式是数字互联网中最新的部分标准，允许将地址与每个对象相关联。

第三，也是真正的挑战，是提供一种真正在全球范围内实现多式联运的物流工具。换句话说，我们需要使所有运输工具满载。

第四，鉴于现在有一个精确的方式来指定体积和重量，这样有利于单个容器和容器组合的装卸、运输和储存，减少搬运次数，并形成跨组织的运输。

除了这些最基本的功能，还应该增加特定应用所需的功能来满足各种要求，特别是可持续发展方面的要求（见图12）。因此容器可以是：

○ 可回收或可重复使用，以尽量减少自然资源的消耗；

○ 可以拆卸或折叠，这样不仅可以节省空间，还可以在维护期间节省组件；

实物互联网：物流网络的网络

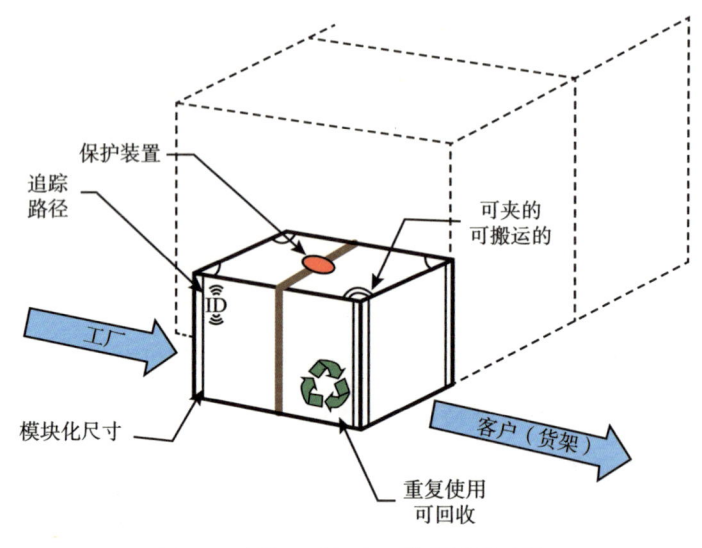

图 12　实物互联网中容器所需的特性

○ 保温的，能够更容易地融入一般容器运输并保证不同物流网络中恒温；

○ 可随时准备出售，从而尽量减少放置在货架上的搬运工作等。

下一章，我们将介绍容器，尤其是设想的尺寸等级。

■ 合适的装卸工具

因为已存在于符合 ISO1161-1984 标准的扭锁系统中，标准化容器的好处是提供一个相同的装卸界面，能够相应地设计装卸工具。这方面是最重要的，因为在第一次检查时，实物互联网比当前供应链需要更多的卸载/重新装货操作。

半个多世纪的海运容器经验表明，优化卸载/重新装载可以将成本降低一个数量级，从而使其能被负担得起。如果今天卸货/重新装货的成本接近 150 公里公路运输的成本，那么托运人会不惜一切代价来避免这种情况，即使这意味着减少运输工具的装载量。如果能大大降低此成本，同时由于能源价格或环境税运输价格上涨，自然会发生有利于优化卸载/重新装载系统的再平衡。

因此，装卸工具的效能是成功的关键因素，我们将在下一章回到这个话题。

开放但安全的信息基础设施

实物互联网的另一个关键要素是利益相关者几乎可以不间断地与其容器进行通信。这种通信的需求源于每个系统用户都需要知道他的产品在哪里以及它们的状况，以便监控它们的情况，并向它们提供新的指令。换句话说，根据需要控制装运，就像今天在组织内所做的那样。为此，有必要建立一个基础架构来捕获信息、构建信息，让利益相关者可以通过自己的应用程序使用这些信息。

已经有一个能很好地满足这种需求的项目：物联网。其是旨在将任何对象转变为配备传感器（位置、温度等）并能够响应来自网站的请求或与其他对象进行交互的"网络服务器"。因此，在我们看来，有必要考虑实物互联网中的容器，并将其视为物联网中的一个部分。

该架构尤其包括不需要技术来捕获事件的能力（到达枢纽、打开容器等），并将它们放置在标准化情景中，然后让信息能够在数字互联网上可用。这些信息需要通过访问权限得到保护，可以通过搜索引擎访问，并允许不同用户（托运人、物流服务商、海关、承运人、卡车等）在软件工具的不同界面上使用。

图 13 说明了这种架构。此外，在超市零售产品领域，已经有了

实物互联网：物流网络的网络

一个初步的架构和相关的标准来应对这种互联网发展。这是 EPCglobal 方法（电子产品代码）。因此，最初，如果我们将容器本身视为一种产品，则可以应用 EPCglobal 架构，我们将在下文详述。

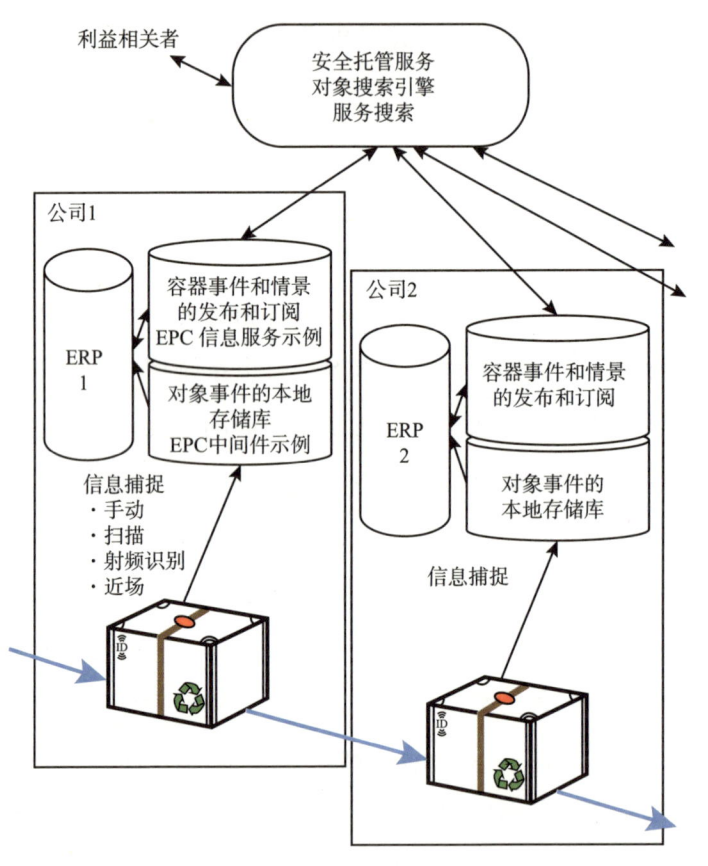

图 13　实物互联网中监控容器的信息架构——所有通信都通过数字互联网进行，一些应用程序可以存储在云端

EPCglobal 编码可以通过不同的方式读取（条形码、手动输入或无线射频识别）。一个事件与每个捕获的信息相关联，然后存储在其标准化情景中（验收、添加到库存等）并通过 EPC 信息服务（EP-

CIS）发布。在公司之外，可以通过 EPCIS 中的搜索服务访问对象，例如 DS（发现服务）和 ONS（对象命名服务），这些服务安全地用于查找使用其 EPC 处理了某些对象的 EPCIS，从而在事先不知道通过了哪些系统的情况下管理它们。

■ 需要设计的操作流程

作为由独立利益相关者运营的去中心化系统，实物互联网提供了关于分配给客户或专业网络的多种自由度：动态路径选择，从一个服务商到另一个服务商以及从一种运输方式到另一种运输方式之间的"透明"转移。所有这些操作都需要协议，使利益相关者能够协调活动，并确保最有效的运输容器。这尤其涉及引入基于每个运营商可以开发的算法的协议，以优化他们的运营；当然，前提是他们提供标准化服务。

从一个网络转移到另一个网络仍然很重要，因为这是一个转移货物责任和遵守所要求的服务/交付时间的问题。每个利益相关者发布他们自己网络提供的服务的可靠信息，需要近乎实时更新。

在本地级别，例如在集线器内，容器与负责处理它的设备之间的通信过程也必须标准化，以便实物互联网中的每个容器都可以由系统中的任何集线器管理，即使设施实施不同的技术。

■ 创新的经济模式

由多个运营商共同执行任务引发了一个问题：如何评估一个运营商对这个任务的贡献，从而确定每个运营商将收到的报酬。在数字互联网领域，信息的发送者和接收者通过向访问提供商支付订阅费来为网络基础设施作出贡献。运营商通过货运流交换协议来参与信息传输。在物流方面，最简单的经济模型是按重量和地理区域对每批货物定价，例如在信件上贴邮票。不同贡献方之间分配报酬。参与者之间已经有这样的货运流共享协议，规定标准的定价和补偿机制。万国邮政联盟是联合国下属机构，为其成员管理此类机制。在实物互联网的框架内，货运流共享正或多或少有规律地扩展。因此，需要提出的是一个比网络联盟更普遍的经济模型。

对于鼓励在开放市场上以共享方式使用运力（而不是由每个运营商保留），这种新的经济模式很有必要。此外，有必要通过促销来鼓励所有利益相关者使用这种共享，无论长期还是临时。这自然是一种与当前物流服务商的做法截然不同的方法，但类似于航空公司改变机票价格，从而最大程度填满飞机座位。

合适的监管和法律框架

这项工作基本上侧重于这一概念的技术方面，并且已有一个高度发达的管理货物运输的监管框架，特别是国际贸易术语解释通则。然而，开放系统的部署必然会在该领域产生新的需求，以定义一系列愈加复杂的运营商责任，以及在发生争议、海关准入等时，所需要的访问和控制容器的条件。

操作示意图

🔍 初见端倪的实物互联网

这个概念可能看起来极其新潮，或者与陆路物流的当前现实相去甚远。然而，无论是在历史进程中的特定领域还是在最近的发展中，我们都可以找到这种系统要素的许多迹象。

首先，我们多次提到的海运集装箱提供了一个容器标准化的很好的应用例子（Levinson，2006）及其引入的过程。也许有趣的是，在孟买运送餐盒的"饭盒人"系统对我们专注于容器标准化和寻址的运营模式很感兴趣（Bondre，2011）。

我们注意到物流网络汇集的案例更接近于陆路物流，特别是对于包装过的消费品，以及货运流共享协议，其中一个运营商负责给定地理区域中同行的货运流，尽管这些措施是不可扩展的。

最后，已有托运人共享的网络：快递网络，甚至是用于较轻货物（最多30千克）的邮政网络。

然而，这些网络中没有一个可以轻易与其他网络或与上述更多工业网络互联。

实物互联网：物流网络的网络

表 2　　　　　　　　区分当前主要陆路物流网络的要素

主要配送网络的特点	"工业"物流网络	快递	邮递
出货量（最小/最大）	从托盘到海运集装箱、卡车或整列火车	从包裹到托盘	从信封到包裹
覆盖范围	在网络或客户站点内	网络覆盖范围内的任意地址	世界上任何地方的任何地址
目的地	网络中的下一个点	最终版本，交付期间不可修改	
库存	是	中转	否
服务	按需定制	可提供多种预定义级别的服务	
网络是否开放	否，除了汇集	如果双边货运协议（相同类型的运营商之间）	专用于邮政服务

　　从研究的角度来看，我们注意到在智能货运（GS1、Euridice、eFreight 和 iCargo）和 MegaSwapBoxes 容器标准化方面的大量工作，但尚未在它们与设想的不同解决方案之间建立联系。

　　因此，具有不同运营模式的网络形成了大量专门为国家或大型经济区服务的组织，可惜的是，从端到端物流服务的角度来看，这些组织并没有相互关联。

🔍 目标操作示例

　　现在让我们想象一下，这个全球互联系统是存在的。它如何适用于经典的物流业务？将提供什么类型的服务以及以什么形式提供？让我们跳到 2030 年之后的某个时候，并审视不同利益相关者将要发生的转变。

■ 作为消费者的你

周五晚上回家后，你从大楼入口处的储物柜中取出容器。实际上，它是几个模块化容器（大约纸箱大小）的组合，取代了早上留下的空的、折叠的容器。在其中一个容器里，你找到了你为家庭护理和三维（3D）打印机墨水订购的所有物品。实际上，安装在你的储物柜中的传感器负责其中一部分订单，能与这些产品联通并管理你的需求，除非你删除订单。在另一个模块化容器中，你可以找到休闲产品：跑鞋、网球拍等。你迫不及待想试一试，但不是为了试试鞋子的大小——因为鞋子是3D扫描测量你的脚后定制的——而是为了测试鞋子的减震性能。似乎减震性能，以及球拍的强度和精度都不错。装新鲜食品的容器也到了。看到你的杂货商为你挑选的蔬菜，你很高兴，你还收到了根据你的口味和烹饪能力推荐的食谱。有人批评说这是在侵犯隐私，但你知道，是否使用这项服务的决定权在你手中，而且这些满足你需求的交付不像以往购物那样浪费你的时间和资源。周五晚上是"交货"的大日子，这是你自己选的。这样你便可以自由支配周末了。还有，你报名参加明天的意大利烹饪课程，你肯定会在课堂上发现新食材和它们的生产商，以及掌握使用这些食材的方法。你为下周与朋友共进晚餐预订好食材，并租好了用来前往目的地的自行车。

■ X先生，企业总部的市场服务总监

周末过后的周一早上9点，X先生有点着急。他的一些产品对天气很敏感。尽管向公司的部署系统发出了指示，他仍然不确定自己的预设置正确与否。此外，促销活动仍然相当随意。进入运营控制室后，看到与补货率相关的屏幕显示绿色，他松了一口气。快速浏览一下显示全况的屏幕，出现全国范围内能够存储不同产品的容器的大约100个地点，他明白转存的需求达到了。一些地区的需求远高于预期，不过，附近的枢纽由于距离较近，半天内就发出了一部分库存来满足需求。因此，配送网络中某些部分的容器数量相当少。然而，当看到监控货运流的屏幕时，他放心了：预计补货的软件已经完成工作，数百个满足经销商和个人需求的各种尺寸的容器马上将通过火车送达。X先生开始意识到，因为没有流失客户，他很可能会获得部分年终奖。然而，决定这笔奖金是否能发放，还需看两个方面：交付成本，以及从工厂到客户的交货时间（不再使用"库存"一词，这个概念已经失去了意义，因为在消费品包装行业中，一个容器在同一个地方停留几天是相当罕见的，而且它们几乎完美地分布在各地）。他检查了交货时间——平均三天，有一个货物需要五天，稍微令人担忧，他必须调查清楚。这与21世纪初需要的三周运输时间以及伴随库存警报的持续压力相去甚远，更不用说客户的不满了。在成本方面，还有一个惊喜等着他；相当一部分的转存能够以非常便宜的方式实现，这弥补了为数不多的紧急交付。X先生看了看手表——上午9点20分——他现在可以将时间投入到他特别引以为傲的创新配送项目中了。

■ **Y女士，服务运营商GN物流的运营总监**

Y女士是GN物流公司的运营总监。在结束了一个漫长的周末后，她对过去72小时服务的运作情况感到好奇。由于只收到了少量的警

操作示意图

报信息，她相信服务应该运行得很顺利。她首先检查了大屏幕上显示的公司运营的重型运输网络和五个多式联运枢纽，这些枢纽拥有自己的铁路连接，并且与其他运营商共同运营。

尽管与主要客户的合同确保了一定的业务量，并使得公司能够投资于基础设施，但不断变化的物流需求导致运输量的分配需要根据可用的运输能力和需求来调整。为此，与集装箱相关的逻辑控制器不断地向运营商发送运输请求，而运营商则根据他们满足这些需求的能力自动报价。考虑到主要线路的饱和度接近95%，并且价格合理，这个周末的运营还算是成功的。然而，除了铁路运输外，还需要在两个枢纽之间额外调度大约十辆卡车，这让她不得不思考可能错失的机会，并考虑是否需要调整报价。

最初引起她注意的是，其中一个枢纽的设备不可用率异常高。由于枢纽的运作在很大程度上依赖于可以互换的模块化组件，这可能并没有影响到服务质量，除非设备的延迟出发正是导致需要额外卡车和错失铁路运输机会的原因。她需要查看周末的详细数据，并与维护团队合作，以避免枢纽出现过载的情况，这将严重影响公司在 Boxbook™ 机器对机器网络上的声誉。服务中断通常会导致集装箱之间产生大量的警报信息，从而导致填充率和收入的损失。在咨询了维护团队之后，她决定在接下来的三小时内限制枢纽的额外功能；这正好是安装已收到的备件所需的时间。Y 女士还计划在这周与维护经理会面，讨论枢纽的预防性维护政策。之后，她将与另一位运营商进行远程会议，这位运营商在该地区的汽车供应商生产线供应方面占有有利位置，并提出了一项针对当地工业客户的特别合作优惠。

37

■ Z女士，朗格多克地区一家葡萄种植合作社的"生产"主任

Z女士松了口气。现在，她还记得自己最初对于合作社葡萄酒装瓶事业的恐惧——当时自己还没拥有或租赁工厂。当时的选择很困难。一方面，大量投资一条新包装线用于满足新的卫生和可追溯性要求，她担心是否合适；另一方面，又担心对装瓶失去控制，从而对产品质量失去控制。能够出口到非洲这个新兴市场，同时不忽略亚洲这个重点市场，又无须过多监管，她最后的担忧消失了。

因此，Z女士咨询了各国发出的订单水平和可供销售的库存水平。在咨询了每个市场的旺、淡季情况后，她决定在本周内下一份装瓶订单到泰国。一个0.6米×0.4米×0.6米的容器，装有100升葡萄酒，将于明天抵达那里。她之前曾询问她的泰国服务商，关于指定的玻璃瓶编号、用于打印标签的纸张，以及在法国制造的软木塞（根据葡萄种植者的要求，他们满意地签署了协议），确定数量是否都足够。同时，一旦她收到生产线可用的确认信息，安全密钥便会生成。在装瓶期间，利用该密钥，服务商能够访问存储在酒瓶中的包装程序，使其直接控制生产设备，从而为Z女士确保该过程"像在合作社一样"顺利。在查阅密封容器的日志时，她浏览了关键指标，例如整个运输过程中的温度和加速度，然后可以放心了。如果超出了限制，无论以任何方式，她都会立即收到警报。有待确认的是，信息是否已自动发送给海关，以确认酒瓶已在运输途中，并已缴纳关税。现在她只需要去见服务商，评估他们希望在未来几个月推向市场的产品，并订购相应的酒瓶。有时，这样的奇迹只会发生在亚洲。这也是拜访葡萄种植者并计划下一个年份葡萄酒的好机会。

前景如何？

正如我们刚刚说明的那样，这种技术的逐步扩散不仅可能重新配置物流工具，还可能重新配置整个行业。让我们举两个例子：

○ 当小批量货物运输效率达到大宗货物运输的效率时，这一系统将挑战轴辐式物流网络，更倾向于直接向客户甚至消费者进行配送；

○ 这个系统将有利于将模式转变为重要和最有效的方式，通过洲际、大陆、区域和城市之间的容器自动化枢纽转移更多货运流；

○ 采用新系统的理由之一自然是它比前一个系统更有效，但这不是唯一的理由。如果一个新系统能够重新配置其环境并为新技术和新的利益相关者开辟道路，它自然就会更受关注。

🔍 更具弹性的物流

所需的第一个属性，灵感来源于数字互联网的军事起源：弹性。冷战时，将计算机网络互联在一个大型网络中的初衷是，即使在军事行动中一个或多个节点丢失，计算机仍能正常使用。

同样，实物互联网为消费者提供了多种方案，并在同一网络内提供了多种存储选项。这种弹性下，即使配送中心、地区或基础设施受到干预，制造商和消费者也能少受影响。因此，对于制造商来说，仓库的损失不会产生那么严重的后果，更普遍的是，对于实物互联网，服务水平需要保持不变或提高。总之，物流是必不可少的——尤其是在危机中——因此，一个更具弹性的网络尤为重要。

更高效的物流

第二个优势，在随后的初步研究结果中已得到部分证明，涉及从运输到装卸再到存储的多个级别的性能改进。

在交通方面，这一原则的基础是通过服务互联实现不同货运流的整合。货运流整合是运输效率的一个众所周知的因素，要么填满车辆，要么从低容量车辆切换到效率更高的高容量车辆。实物互联网和经典整合方法、汇集等都会受模块化容器实现和货运流整合的影响。此外，与以前的方法相反，实物互联网通过其"普遍"的雄心壮志，有可能扩大影响，从而将成果应用于全球。通过枢纽的运输集中了货运流，让它们可以不再像现在这样分开运输。

保持货运不变的直接后果是货运流以及相关收益的减少：

○ 延迟基础设施建设的饱和；
○ 交通运行更顺畅，尤其是在城市；
○ 减少污染物和温室气体排放，特别是在主要路线和城市；
○ 降低物流成本。

最后一点是一把"双刃剑"。在过去的几十年里，运输的经济效率一直是物流服务的特有优点，在业务的地理扩张、工厂的专业化、准时性等情况下，这类服务需求很大。

但物流的效率不仅仅是通过运输体现的。装卸、存储和分拣（在这种情况下是容器组合）可以广泛受益于容器的标准化的模块化容器，以简化其工具并提高效率。

物流的这一方面不太明显，因为它发生在仓库和配送中心内部。然而，它的影响可以与运输相媲美。看看过去几年物流区占用的空间就知道了。由于这部分是在同样高度专业化和分散的组织下发展起来的，因此在此也发现了交通运输的主要弊病及相对低效的问题，特别是根据活动高峰来分配运力大小，因此，平均而言，容器处于不饱和的状态。

最后，物流服务的质量不仅取决于交货时间，还取决于是否能保持货物质量。即使在零售配送占主导的行业，运营商已经优化了包装以抵消物流带来的限制。在杂货领域则不然，包装缺陷加上不一致的装载和存储操作会损坏大量的货物。在缺乏追溯性工具的情况下，为单一客户运营的网络能够简化争议的管理，因为只有一个运营商需要承担责任。

容器的单独可追溯性是开放系统的前提，它不仅管理容器，而且为管理容器的内容提供了新的选择。实际上，从我们投资流通的物流工具（如托盘和容器）的那一刻起，对这些投资能够进行单独监控以避免损失和盗窃，并向责任人收取损害赔偿金，便是一个真正的优势。对于托盘，这样的系统还不存在，引起了很多争议。对容器的单独监控和用于此监控的仪器为变化而负责。在物联网的框架内，我们期望看到芯片的出现，这些芯片不仅可以用来通信，还可以提供相关的环境信息。

位置、温度、光度、湿度、加速度和容器开口都是非常有用的参数，这些参数不仅有助于定位集装箱，而且对重建其路径以及确保封装在其中的产品得到适当处理和安全交付非常有用。因此，为利益相

实物互联网：物流网络的网络

关者提供与他们的货物的连接，不仅可以在发生争议时追究责任，还可以确保所管理产品的可追溯性。

服务所有人的物流

正如本章开头所强调的，当前的物流运营方式在服务和成本方面表现出色，尤其是当货量较大时更为明显，因此这有利于大型生产商和配送商。

矛盾的是，不使用大型配送渠道运输的短途本地产品，相较于工业产品来说，对环境产生更大的影响。一个可以立即整合货运流的网络，将使更多小型生产商能够有效地分配货物。

货运流的问题，同样存在于收货中，特别是在农村地区，因为农村地区人口密度较低，因此物流效率低下。显然，服务商已经协商轮流去为北欧的某些地区提供服务，让这些地区能够享受到正常的物流服务，而这对当地的经济发展至关重要。

新型服务

这种新型物流组织的发展，除了提高了物流效率，本身已具备重大的潜在影响。引入新组织，也可以让我们重新思考当前的物流组织形式。在此，可能有三种情况。

正如连接到互联网，我们可以选择一个供应商来访问实物互联网，该供应商将负责整合交付和装运。因此，对个人而言，无论货源是什么，在购买期间，他都需要提供实物互联网供应商的名称和地址。然后，这种新型服务商将接收发往其客户的货物，并与客户一起管理最终交付。引入这个新的利益相关者，在某种程度上颠覆了当前的物流组织形式。一方面，通过集中装运，装运步骤被简化了，直接从工厂运送到客户手中，而无须经过商家。在供应链的另一端，由单一供应商进行交付和装运，不仅可以像主要从业者目前所做的那样集中货物，还可以提供更好的服务。实际上，从单个运营商提供服务的那一刻起，运营商就成了客户，而不仅仅是货物接收者，它可以指定服务级别。我们可以想象，在星期六早上交付，将本周或每周三个晚上在服务商的中心收到的所有包裹分组，然后在假期转移交付。可以想象，有各种可能性。对客户的详细了解，还将减少对服务商来说代价高昂、对客户来说令人沮丧的情况出现，例如交付失败、缺失、输入代码未经传达等。实物互联网运营商的概念，在这里以个人服务为例，同样适用于公司和行业，尽管很明显规模不同。

在运输领域，事实上，货物得到标准化的保护和容器化，这会为货物运输找到新的运输方式。我们想到的是短途运输，例如使用私家车，无论是自有还是租用。仔细想想，这是货物运输尚未开发的主要运力。在大多数情况下，私家车配送可以安排在通勤路上。这一运力很少被用到。然而，我们注意到，现在有许多汽车共享方案。同样地，闲置的汽车后备箱也是一种可用的运力，但直到最近的倡议提出前却被完全忽视了。在实物互联网场景下，资产各方面能力都可以发挥出来，我们可以想象，当私家车辆也用于运输时，后备箱将配备定位接口。对于提前申报的行程，在火车站、停车场、充电站甚至汽车租赁公司停靠时，都可以装卸一个容器，这甚至可以作为一个普通任务被完成。这些细微的运力目前完全被忽略了，因为我们生活在一个运力仍然丰富且价值相对较高的世界。然而，如果可以调动这些运力，它们将通过减少不必要的运输，从而显著减少气体排放和交通拥堵。因此，在法兰西岛，如果我们考虑每天 1 亿公里中的 43% 对应于约 81.1 万次 53 公里的私家车出行，每次载重 50 千克，意味着运力为每天 215 万吨公里（即 2000 辆半挂车），这是非常小的运力，其效率非常低。减少出行次数是一个重大问题，因为它可以通过减少道路上的车辆来避免拥堵，并通过乘数效应来显著减少污染。

生产及后期差异化生产难以与合作伙伴共享，存在诸多障碍：知识产权和品质保障方面的问题等。然而，好处是众所周知的，并且已有例子证明这种做法可以继续发展。在碳酸饮料领域，产品可以拆分成含有原始成分和碳酸水的浓缩物。在尽可能靠近市场的地方添加碳酸水和包装可以节省运输成本，相对产品的价值而言，运输成本显得尤其高。这种后期差异化生产或远程调节的做法超出了实物互联网本身的框架。然而，与实物互联网中的容器相关的可追溯性和安全性，使这类实践更容易开展。除了容器，我们还可以想象生产和包装设备直接从容器中读取产品配方，并通过经过认证的生产方式将过程控制权交给其所有者。

全球物流重组的可能性

可以理解的是，如果能够实现这种系统，当前物流的组织原则将发生真正的转变。实际上，基于各种交通方式之间的竞争以及各种网络在各种活动中的竞争，这些原则不应抵挡真正的网络互联，在这种情况下，互补性和对系统的贡献将成为差异化和竞争力的新领域。此外，这只是一个理论上的可能性，在思考如何实施之前，第一步需要对这种可能性进行验证。考虑到所要克服的技术和组织上的种种阻碍，以及各个利益相关方对运输、装卸和存储设备以及相关信息系统所进行的大量投资，这个行业的惯性很高，因此这些实施步骤需要逐步进行，缓慢推进。

初步定义和细节验证

实物互联网等系统的推出引发了大量问题。它有利可图吗？需要哪些技术？容器的约束会不会损害收益？通过多个枢纽的运输是否会影响交货时间和成本？物流从业者是否对此感兴趣？问题不断。因此，在考虑实施这样一个系统之前，即使是在有限的范围内，我们也建议先深入了解它的一些关键组成部分，以验证该方法并评估相关的潜在收益（以及发现任何可能存在的巨大障碍）。因此，我们可以在图14中总结该方法。实物互联网倡议的作用是征求利益相关者的意见，并利用这些意见用于设计项目，以获得激励其他项目的结果，最终向行业发布建议。项目的作用是通过提供具体结果来揭示挑战，回答物流互联网概念推广所提出的精确问题。利益相关者通过参与项目投资实物互联网的优势在于，他们将提前了解实物互联网在其部门的潜力和运作方式，同时能够丰富其定义。

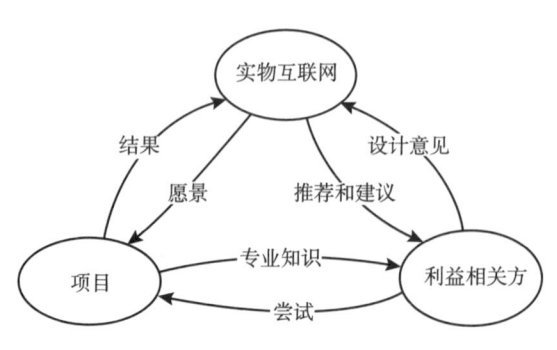

图14 设计实物互联网的方式

初步定义和细节验证

　　法国生态、可持续发展和能源部通过"Predit"（运输研究计划）支持了多个研究项目，本书将详细介绍其中的两个项目。前两个非常上游的项目不太涉及利益相关者。第 4 章讨论了其他的项目，描述了利益相关者如何更直接参与到项目中。

　　特别是，已经通过研究解决了以下主题，这些研究通常是与利益相关者合作进行的：

　　1. 可用容器尺寸的数量如何影响容器填充率？

　　2. 开放网络中的任一容器，用现在的技术都可以追溯到吗？它本身是否已经提供了足够的价值？

　　3. 这些容器在尺寸、强度、装卸、通信等方面应该如何规定？

　　4. 仅处理容器货物的陆路枢纽有何表现？

　　5. 此类枢纽应如何运作才能与当前的物流系统竞争？

　　6. 如果在一个部门首推，系统的初始性能是什么？

　　在这些主题中，那些涉及仅处理容器货物的陆路枢纽的性能，以及系统在开始推出的假设下的性能，已成为 Predit 研究的主题。在接下来的两章中，我们将详细描述这两方面。上述其他主题，我们将在第 4 章中简要介绍。

第二部分

实物互联网的主要组成部分

实物互联网由几个新的关键部分组成：容器、协议以及创建运输、存储、拣选等物流服务之间互联的容器路由中心（枢纽）。其他运营方面，如商业模式、信息系统和法规，因为还没有成为具体的研究主题，所以不在这里讨论。我们将在后续项目中介绍。

在实物互联网中，容器的主要作用是，保护货物、在开放系统内划定私人空间，以及提供与物流系统（通信、装卸等）的接口。因此，容器组起着至关重要的作用，其设计具有最重要的意义。这里不会完全和明确地说明，而是探索规模、多样性和功能的问题，从而从更具操作性的角度指导和支持已经接过接力棒的项目。

实物互联网协议的作用是，在物流操作的每个步骤中，定义在什么条件下进行什么类型的操作。事实上，这些都是要应用的程序，以便货物可以容器化，容器可以通过网络运输，货物可以按时交付给收货人。在数字互联网的框架内，TCP/IP协议完成了这一使命。在邮递领域，有万国邮政联盟的协议，这是一个联合国下属机构，旨在促进不同国家邮政系统之间的端到端的邮政运输合作。

枢纽的作用是，确保每个入境容器准时出发前往下一个目的地，以便正确提供整体服务。为此，枢纽必须能够访问大量数据，不仅包括其接收的容器，还包括其合作伙伴的数据，以了解网络状况，从而能够正确引导货运流。不消说，容器和相关流程的标准化，特别是信息的结构化和设备的适应性和自动化，将大大提高枢纽的性能，因为这个系统不是专有的，而是开放的。

实物互联网的容器

实物互联网的第一个关键组成部分，自然是容器，或者更确切地说，正如我们将看到的，一系列不同大小的模块化容器。这个概念已经在上一章中简要介绍过。现在，我们首先要说明模块化容器的好处，再是容器的主要特性。

模块化容器系统的优势

开放网络中的自定义空间

物流的主要作用是保护所委托的货物，这些货物的价值远远超过服务的价格。为此，专用于单一客户或由单一服务商运营的物流网络，大大简化了这一工作。如果发生纠纷（破碎、损坏、盗窃等），责任认定的工作自然会大大简化。

此外，求助于"私人"网络避免了必须"隐藏"产品，以防止竞争对手看到它们、估计数量、识别新包装或正在推出的促销活动等。因此，我们可以看到目前的产品部署，特别是消费品，都在专门为制造商或零售商设计的网络中。然而在快消品行业，在海上运输时，由于没有真正的替代方案，这些竞争对手轻松同意共享港口仓储场所和运输工具，这主要归功于海运容器的使用。因此，从制造商和零售商认为控制物流网络资产不再是竞争因素开始，实物互联网容器便使共享网络成为可能，尽管让它脱颖而出的是智能化。

■ 装卸标准化的优势

近一个世纪以来，由于各种现代运输工具的出现，物流使距离不再成为问题。然而，通过接口传输一直并且仍然是真正的问题，会导致交货时间延迟和成本提高。

根据马克·莱文森（Marc Levinson）的说法，在20世纪60年代，一般货物海上运输的主要成本，甚至是劝阻成本，都不是海上运输本身的成本，而是通过港口的过境成本（莱文森，2006）。如前一章所示，由于20英尺和40英尺容器标准化取得的进步和规模效益，这种情况现在已经逆转。

因此，海运容器化从根本上改变了50年来的前景，花了3/4个世纪做的试验基本上没有结果，这要归功于众多具有竞争力的国际航线的建立，这些航线几乎每天都在主要港口之间为所有类型的货物提供运输服务：杂货、固体散货、液体、危险品、食品等。然而，通过标准化处理，卸载/重新装载的成本显著降低。

这个逻辑可以在其他尺度上转换吗？换句话说，对于小量或短途运输来说，装在小容器中是否有优势？

事实上，零售配送在数量和流程上具有优势，因此配送效率相对较高。我们观察到，从零售商配送中心（距离约500公里）到商店（超过100公里的距离）的总配送成本，和商店本身的成本相对于产品质量的配送成本相对稳定。诚然，随着距离的缩短，运输效率降

实物互联网的容器

低,广义上的装卸工作量大大增加。事实上,我们越接近细微运输,包括在商店内部,我们就越能体会到马克·莱文森提到的处理和运输之间的原始比率,这是广义的,我们希望就此展开。

换句话说,在目前的组织中,在 100 公里到 200 公里之间的公路运输,卸载/重新装载开始有成本,这对大多数短途运输来说是一个主要障碍。因此,通过标准化降低卸载/重新装载成本,是尽可能利用运输和物流网络以及实现系统可持续性的基本目标。

实物互联网中的容器

实物互联网不直接处理实物商品,无论是材料、零件还是液体。它只处理专门为实物互联网设计的容器,这些容器中装有货物。

这些为实物互联网设计的容器在下文中称为"PI 容器"。

PI 容器以当前容器化的某些基本特征为基础,并增加了其他功能。

在我们关心的海运容器特征中,我们选择依赖单一接口。容器的作用是"通用",几乎可以独立于要封装和运输的货物使用。因此,可控温度的容器集成在容器船上,散装液体的罐式容器也可以使用相同的组织和设备进行装卸、储存和运输。尽可能多地使用容器来消除商品的多样性,尽管程度不高,包含数字互联网中的数据包也是如此。运输容器的最低属性包括:

1. 以海事部门的 BIC 代码方式确保可追溯的唯一国际标识;
2. 内容的实物保护;
3. 内容匿名化;
4. 标准化尺寸;

53

5. 标准化的机械强度，使货物能够被处理和堆叠；

6. 可以使用标准化系统在容器之间进行抓握和锁定，适当发展 ISO1161：1984 扭锁。

在这里，我们正在寻求通过智能和模块化来加强这些基本特征。

将通信网关、内存、传感器和计算能力与每个 PI 容器相关联，从而实现多种功能。具体来说：

○ 容器与其周围环境（卡车、抓取装置等）之间的通信，能够让我们实时获知容器的精确地理位置，以及它在卡车、轮船或火车中的位置，从而预测到达时间，还有处理条件和未来运输。容器，连同其处理、存储设备以及运输，成为物联网不可或缺的一部分，允许通过机对机通信来协调。

○ 通过记录开口、温度、加速度、湿度等，并通过发送单个容器的警报，可以监控内容物的完整性。目前这类传感器已经广泛分布。

○ 我们可以将容器组装在一起，以制造更大的容器。当下一个目的地一致时，它们便成为一个整体的物流单元。

○ 通过进一步加强这些容器的功能，我们可以很容易设想，那些尺寸较小的容器，能由接收者直接使用：在商店中作为货架补充品，在上架包装系统中作为货架本身使用，在工厂中作为机器补充，甚至在家里使用。因此，从广义上讲，其优势在于，货物在从工厂到客户的过程中不会被暴露处理。

此处描述的一些属性，已经以单独和非标准化的方式存在。确保容器和装载环境的完全可追溯性的技术也已存在，但目前仍然是高成本的专有系统，导致它们在高价值货物上不可用。这就是说，当数量足够时，微电子的成本可能会随着时间的推移而降低。然而，这些额外的特性仍然没有被整合到容器中。

PI 容器是由实物互联网认证的物流设施、手段、系统和基础设施专门处理、存储和运输的材料单位负载。它们必须是在全球范围内标准化的物流模块，是物流领域新的竞争点，并由开放标准定义。

这些容器的设计，使得它们在实物互联网的实物节点中可以被处理和存储，并且它们在这些节点之间的传输变得容易。然而，他们必须能够通过当前方式运输，这对他们的发展产生了重大且必不可少的限制。我们很难要求取消当前所有的物流投资，更不用说巨额的基础设施投资了。

总而言之，作为实物互联网适当操作所需的互通性的关键组成部分，PI 容器带来根本性进步，那就是使网络忽视各种内容和处理、存储和运输模式，同时确保尽可能标准化地访问信息和处理货物。

■ PI 容器的实际描述

在实物方面，设计 PI 容器的目的是，使它们易于处理、存储、运输、密封、互锁、连接、装载、卸载、构造和拆卸。

它们可以包含独特或不同的单个实物商品，以及尺寸较小的 PI 容器，甚至不是为实物互联网设计的盒子。然后将它们封装在 PI 容器中，因此与实物互联网无关。

此外，它们还可以配备各种附加包装功能，例如温度、湿度和振动控制。尽管从外部看，PI 容器的接口必须相似以确保兼容性，但内部可以根据运输产品的类型（固体、液体、易碎品等）进行装配或装备。

它们具有不同的尺寸，同时是模块化的。容器的尺寸模块化可以通过尺寸的组合展示外部高度、宽度和深度。例如，0.12 米、0.24 米、0.36 米、0.48 米、0.6 米、1.2 米、2.4 米、3.6 米、4.8 米、6 米、12

米。此处提供的尺寸仅供参考。实际上，ISO 运输容器具有可变宽度（外部宽度为 2.438 米或 2.462 米；内部宽度为 2.33 米或 2.42 米），因此可以在其中放置托盘，实物互联网的容器不应依赖的托盘。

容器内外尺寸和类别设计的决定性标准是：模块化、结构和抓地力。精确的模块化尺寸应成为协作国际规范过程的主题。在本书的其余部分，当我们提到 2.4 米或任何其他尺寸时，均指代大约 2.4 米，有待更精确和更有说服力的规范，因为这本身就是一个复杂的主题。容器的最大尺寸取自运输设施的尺寸。为此，2.4 米 × 2.4 米的横截面在所有国家/地区都是允许的，有些国家能够将它们堆叠在两层上，例如，北美铁路运输。半挂车的允许长度在 12 米和超过 16 米之间，因国家/地区而异，即使在欧洲也是如此。

所需的另一个属性是将它们相互耦合，以便可以通过组装较小的 PI 容器来创建组合的 PI 容器。相比之下，组合的 PI 容器可以拆卸，以允许单独处理其组成的 PI 容器。这种组装/拆卸功能满足了分组和解除组合的需要，旨在通过将它们作为一个整体而不是组成部分来处理，从而最大限度简化处理操作。如果尺寸相差太大，这种耦合原理自然会在强度方面遇到物理限制。我们设想了三个类别，这会在后面详说。但目前尚未确定相应的技术解决方案：将锁定装置集成到每个容器甚至附属组件中。

PI 容器在使用后必须只留下最少的使用痕迹。这一功能可以根据用例以不同方式表达：重新定位以供复用或拆除。

至于重新定位，可以设想几种情况。最简单的解决方案是，在分配给下一个客户之前将它们重新定位到附近的枢纽。这种技术上非常简单的解决方案可用于运输容器，除了一些例外，空容器不能折叠。这是完全合理的，因为海上运输的能源消耗与货物质量和运力直接相关，在任何情况下都需要在货运流不平衡的情况下重新定位。在这种情况下，折叠容器更重、更贵，因此不太受欢迎。但在其他领域，通过特定方式（折叠或压缩）重新定位可能更合理。因此，它不是系统运行所必需的属性。

使用后的拆卸，也可以采用多种解决方案，这在很大程度上取决于设计中所用的材料。当然，材料必须是可回收的，目前，金属、大量塑料、纸板等就是如此。最终的材料选择不仅取决于所需的强度，还取决于拆卸前的使用次数、尺寸和数量，从而确定可能的投资金额。

容器的设计，必然带来不同的解决方案。例如，在限制严格的航空运输中，目前，在货舱中接受的"容器"可以是带有检修口的铝箱、装有网以固定负载的托盘，甚至是临时组件。这些容器在货舱中共存，因为它们可以以相同的方式处理和捆绑。

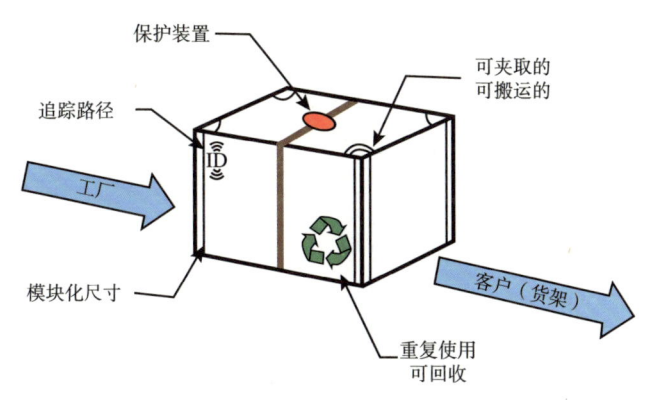

图 15　总结容器所需的主要属性

■ PI 容器的尺寸分类和模块化设计所带来的附加值

我们正在寻找与当前的解决方案相反的一系列尺寸的容器。这一系列尺寸显然是为了适应出货量、无限的多样性和管理复杂性。这将

实物互联网：物流网络的网络

不可避免地导致多样性：组合、重新定位等。

　　一般而言，实物互联网容器尺寸的灵活性更大，应能更好地适应装运量。这种标准化容器的多样性，存在于可以包含一个或多个 PI 容器的运输工具中。模块化使容器能够更好地相互补充，从而更好地利用运输工具。

　　这里设想的 PI 容器的大小可以从大约 0.01 立方米扩展到大约 100 立方米，或者从大约 0.36 立方英尺扩展到 3600 立方英尺。

　　在图 16 中，每个点代表给定的容器体积（显示在 X 轴上）和运输工具（显示为相应的符号：三角形、圆圈等）之间的连接点。Y 轴表示所讨论的运输工具的容量，以直接放置的此体积的容器数量表示，不考虑它们的组成。例如，一艘容器船能够运输多达 18000 个 20 英尺当量的容器（约 6 米长）。

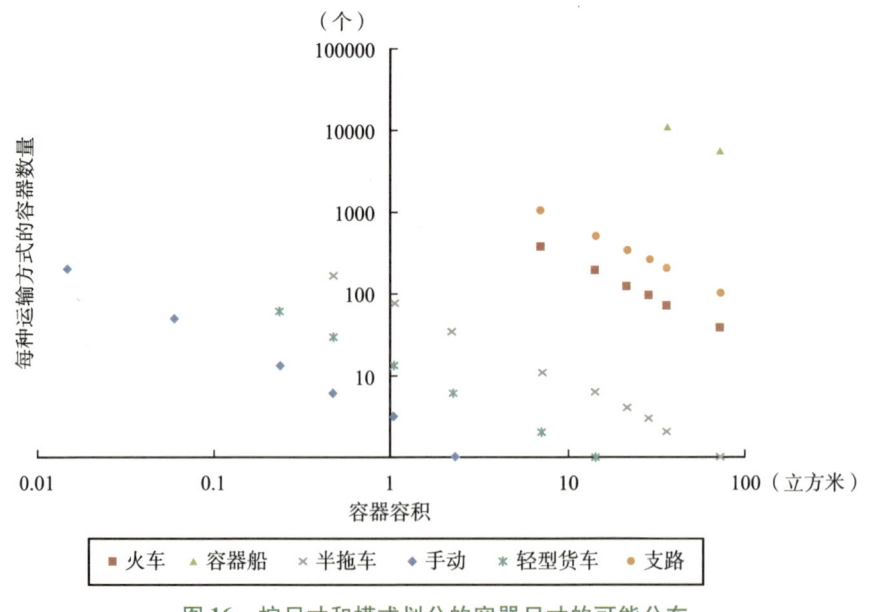

图 16　按尺寸和模式划分的容器尺寸的可能分布

因此，与容器基本上限于图 16 右侧的两列符号的当前操作不同，此处 X 轴表示 PI 容器可以运输不同尺寸产品的体积，从中可以看到变化很大。

由此可见，目前的容器船只能运载两种尺寸的容器。此外，对于陆上车辆、火车或半挂车，我们还展示了其他更小尺寸，最大约 7 立方米，仍然基于当前容器的横截面，适用于运输工具和交通基础设施。第二个较小的类别集中在 1 立方米左右。最后，最小的类别（部分表示）小于 1 立方分米，对应于小包裹。因此，我们为绝大多数货物找到了一系列尺寸，这些枢纽专门针对与它们处理的货物类型相对应的每一类尺寸进行分类。

最后，我们可以区分三种大小类别的 PI 容器，它们都可以用作基本容器：

1. 大型容器：横截面约为 2.4 米×2.4 米，允许所有工业运输工具使用，并且长度可变，以适应不同的装运尺寸和根据国家/地区和运输工具允许的不同负载长度。

2. 中型容器：约 1 立方米，由基本容器组装而成，或根据需要由单个基本容器组成。通常，它们的占地面积接近托盘的占地面积。

3. 小型容器：体积约为 1/10 立方米的小容器。这是最小的尺寸，用于组合成更大尺寸的容器。

请注意，这里的案例是具有良好灵活性的解决方案组合，而不是将一个盒子叠在另一个盒子中。

容器尺寸的多样性也可能使管理变得极其复杂，特别是在重新定位和装载运输工具方面，如图 17 所示。可用尺寸越多，容器被正确填充得越多（如图 17，有适合所有货物的尺寸），但这些容器的组合也会变得更难。最终，如果找不到妥协方案，可能会影响整体效率。

实物互联网：物流网络的网络

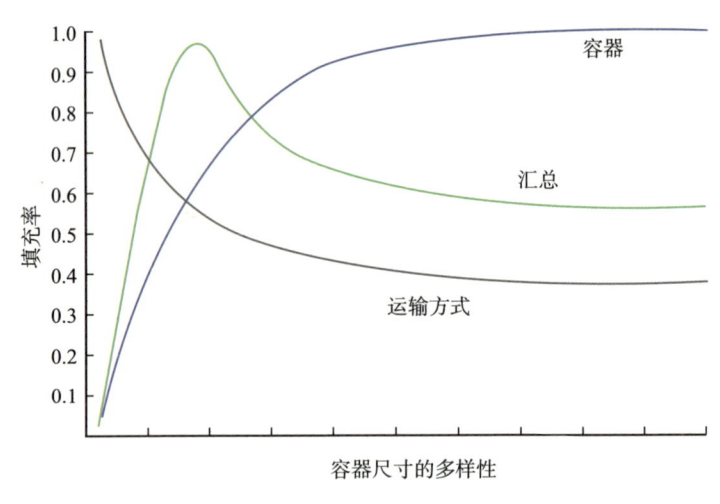

图17 按尺寸和模式划分的容器尺寸的可能分布

🔍 PI 容器的装卸搬运

如前所述，性能是实现实物互联网枢纽运作的关键。不用说，只有使用专门为此目的设计的设备，才能实现高性能。这一挑战在于尽可能地充分利用现有的公路、铁路、仓库及其他基础设施，这些基础设施将被纳入"实物互联网"系统之中。

我们可以想象资源的连续性，用于在不同距离范围内移动 PI 容器，在一个枢纽内，或在两个枢纽之间，等等。根据容器的大小和覆盖的距离，这些资源需要不同的技术。例如，PI 容器可以临时存储在传送带上，即使这不是它的主要功能。

运输方面，在过渡阶段，我们完全可以考虑使用目前的平板卡车和轨道车。然而，如果系统不断发展，我们希望加强此类搬运设备的开发，为系统作出贡献（正如我们将在下面提议的公路/铁路枢纽设计中看到的那样）。这涉及整合一种便于在卡车或轨道车上进行操作的装置（例如，短期而言，滚珠轴承或滚子上的平台，长期而言是磁性装置）。就枢纽和搬运设备本身而言，很明显，根据预期搬运和连锁用途进行标准化和设计的容器接口的设计，反过来只会促进高性能设备的设计。

但是处理能力不仅仅是根本的问题，它还识别要处理的组件、将其定位在空间等，从而在设备和容器之间建立联系。这一功能通常是手动执行的（条形码、托盘车等），在与人工处理相关的更严格的劳动法规以及机器人技术和自动化进步的双重影响下，未来将是自动化和机械化的时代。因此，可以设想，实物互联网的实现基于传统人工的操作方式，然后充分利用专门在实物互联网中运行的设施。

PI 容器的信息描述

在信息层面，PI 容器都应配备唯一的实物编号和通过智能标签自动捕获此信息的方法，然后再利用其他从物联网派生的技术。这种标记对于允许它们通过网络进行识别和路由是必要的。这也使实物互联网中容器的完美可追溯性成为可能，这是其高效和安全运行的必要条件。

标签中包含的信息可以有多种类型，从而能够全面确保容器的识别、完整性、交付和安全性。标签仅通过管理对容器的访问权限，使授权方可以使用此信息。产品的数据应由必须管理其访问权限的利益相关者存储。

从技术上讲，目前，RFID 技术被认为是一种适合构建 PI 容器标签的数据采集方式。但在事件信息捕获技术的下游，其他结构化和保护技术也随着物联网而出现。特别是我们可以引用 EPCglobal 和 iCargo 的工作，以及物联网的通用技术：EPCIS、ONS 等（术语表中定义的术语）。目前，这些领域是超出物流框架的大量研发投资的主体（仍然可以从中受益）。为此，PI 容器的唯一标识可以与 IPv6 互联网地址相结合，以确保其不仅可以被识别，还可以进行通信。

PI 容器的相关信息，既可以包含在广义的智能标签中，也可以移动到互联网上。例子包括：

○ 使用它的客户的识别码；

○ 所有者的识别码；

○ 负责的物流服务商（或其软件代理）的标识；

○ 尺寸和最大重量；

○ 结构负载能力（内部和堆叠）；

○ 功能（处理、存储等）；

○ 有效服务合同的识别码；

○ 标签上或附近容器的状态（信号、故障识别码、密封完整性）；

○ 标签上或附近容器的状态（信号和超限警告：时间、温度、振动、湿度等）；

○ 获得批准的代理人的安全访问：海关、卫生部门等；

○ 地理位置。

PI 容器的内容，应由加密/解密密钥保护，并根据用户配置文件控制其访问：容器所有者、物流服务商、内容所有者、政府机构等。随着越来越多的信息在容器上可见，此功能将变得越来越重要，这似乎是将信息锚定在实际操作中的最佳解决方案。

实物互联网的协议

除了网络的物理结构外,在相互连接的网络中发展服务的另一个起着基本作用的组成部分,是根据标准化协议将这些服务分层结构化。协议是网络中每个利益相关者(卡车司机、处理者、设施操作员、软件代理、服务商等)都要遵守的一组专业规则。为了保持兼容,必须完美定义这些服务的需求。在数字互联网中,由于服务的范围非常宽泛,它们被结构化到不同层,这些层与 IT 通信协议相关,这是目前这方面最发达的领域。

数字互联网赖以蓬勃发展的这种结构,有时被描述为一种障碍,因为随着层数增加,接口数量也在上升,这可能对性能产生不利影响。我们在此不会深入探讨这个问题,因为这个问题引起互联网工程界的激烈争论已经有一段时间了。不过,这种结构其实很有趣,因为它将一个复杂的问题分解成不同的子问题,从而引出有趣的讨论。这里再次有必要区分功能的划分和功能的实现(可以将它们组合在一起)。

根据国际标准化组织(ISO,1994)采用的开放式系统互联(OSI)参考模型(Wikipedia,2010),IT 网络服务分为 7 层。

作为概念基础,我们建议实物互联网也应采用相同的原则。因此,我们引入了开放式物流互联(OLI)参考模型。类比 OSI 模型,OLI 模型是一种抽象描述,有助于设计物流流程网络的协议,包括采购、处理、实现（生产、装配、整理等）、存储和运输等活动。因此，与 OSI 模型一样，不应将其视为建议的实施方式，因为这可能会增加接口的数量。但是有必要提供一种服务模型以直接集成多个层次功能。

OLI 模型提出以下 7 个层次：（1）实物层；（2）链路层；（3）网络层；（4）路由层；（5）运输层；（6）封装层；（7）物流网络。表 3 将这 7 层与数字 OSI 模型的 7 层进行了比较。请注意，在适应有形世界的同时，需要坚持 OSI 模型的基本逻辑。因此，第 1 层和第 3 层具有完全相同的名称。OLI 模型的第 2 层简称为链路层，而不是 OSI 模型中的数据链路层（Wikipedia，2010）。第 4～第 7 层的名称更接近于物流的应用，同时保持 OSI 层的核心。

表 3　数字互联网的 OSI 模型层和实物互联网的 OLI 模型层

层	数字互联网	实物互联网
1	实物	实物
2	数据连接	连接
3	网络	网络
4	交通	路由
5	节	航运
6	展示	封装
7	应用	物流网

与 OSI 模型（Wikipedia，2010）一样，OLI 模型中的层是概念上相似的功能组，这些功能组向上层提供服务并从下层接收服务。

实物互联网的协议

🔍 实物互联网层级：OLI 模型

在本节中，我们将介绍 OLI 模型的各个层，但不深入其细节或必须实施的标准服务和协议，因为这是未来实物互联网倡议的主题。本节的想法是建立基础知识。不过，第三部分还包含了一个插图，作为路由层仿真模型的一部分。

OLI 模型层的服务，允许使用实物互联网的实物、信息和组织设备。OLI 模型的 7 个基本层如下所述。

▪ 实物层

实物层处理实物组件的移动。它定义了一件设备（容器、运输、装卸、储存等）的状态（可用性、操作水平、移动），在这个基础上，这个设备可以在出发点和目的地之间循环流通。实物层确保实物互联网的物理互联是统一的。它定义了 PI 容器的物理规格（机械、气动和电气）以及处理、运输和存储的方式。特别是在功能和尺寸方面，规定了到达点和出发点的相对组织和定位、抓地力机制和依附机制。它延伸到设备监控，以检测和纠正其物理故障。

▪ 链路层

链路层通过提供功能和程序，来确保 PI 容器的移动在整个运输服务、枢纽、库存等中的一致性。它还能够检测链路上可能出现的故

实物互联网：物流网络的网络

障（例如，道路阻塞、PI 容器的丢失、未识别的 PI 容器或其完整性丢失），并作出纠正。在监控网络性能的同时，它还保证网络联通质量。

■ 网络层

网络层通过观察路由层所需的服务质量，来确保所有 PI 容器通过一个或多个 PI 网络从装运点交付到接收点的功能和程序。实物互联网中的投递协议正是在这层被定义。

■ 路由层

路由层获得在托运人和最终收件人之间，高效可靠地传输一组 PI 容器的功能和程序。该层控制 PI 容器传输的可靠性。它定义了 PI 容器的组成和分解、网络中 PI 容器流的分配和控制，以及检查传输错误。它定义实物互联网中的路由协议。

■ 运输层

运输层用于确保控制发货人和最终收货人之间货物运输的顺畅运作。它建立、管理和完成托运人和最终收货人之间的运输。它定义了所提供服务的类型（普通运输、快递、空运等）并用于管理收据确认信息。它建立了监控、检查、推迟、完成和重新交付货物的程序。

▎封装层

封装层获取的功能和程序，确保在访问实物互联网之前将用户的产品封装在单独标识的 PI 容器中。

它用于创建这样一个链路：可以在更高物流网络层作出产品采购和部署决策。它将产品移动和存储决策转换为 PI 容器移动和存储顺序决策，特别是将产品单元分配给 PI 容器。它监督和验证 PI 节点和相关资源（处理、存储和运输）的授权、运力、价格和性能，以及已签署的合同和部署的 PI 容器的状态。当前电子数据交换（EDI）的某些操作就是在这层。

▎物流网层

物流网层位于实物互联网和流程管理器之间的接口处。它为这些管理人员提供功能和程序，使其能够利用实物互联网，通过全球开放的物流网，为产品（材料、零件、模块、成品等）作出采购、实现和动态部署的决策。这一层次包括需求表达、流程调度、合同制定、会议定义等。基于与封装层的信息同步，它提供对合同、库存、移动和参与者运力的监控。这一层包括，将利用实物互联网提供的新自由度的绝大多数供应链管理、物流管理、运营管理以及企业资源规划和管理（ERP）软件。该层的软件应用程序不属于 OLI 服务模型。

实物互联网：物流网络的网络

🔍 实物互联网各层提供的服务

根据 OLI 模型分层构建，每个级别提供的服务的结构如图 18 所示。

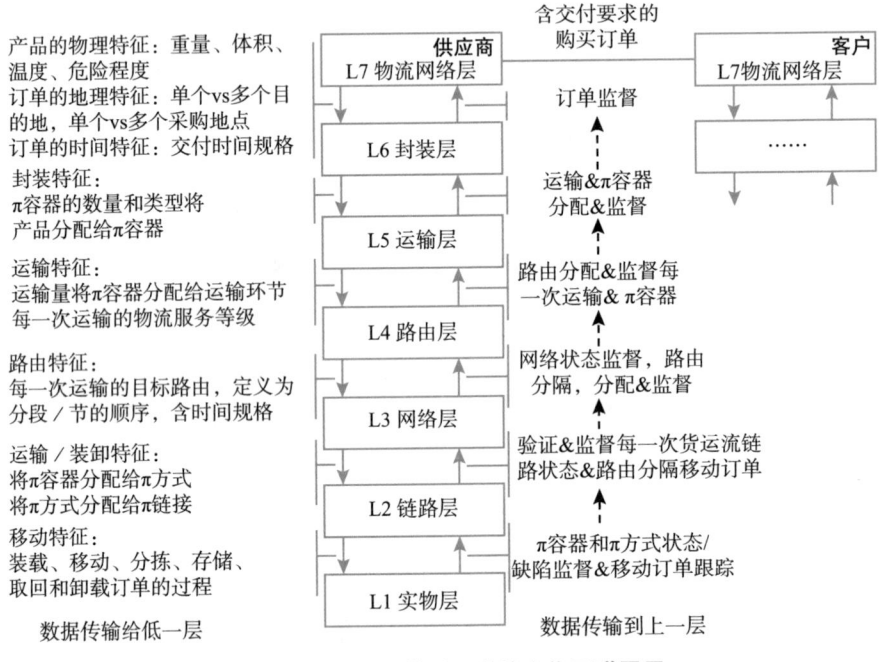

产品的物理特征：重量、体积、温度、危险程度
订单的地理特征：单个vs多个目的地，单个vs多个采购地点
订单的时间特征：交付时间规格

封装特征：
π容器的数量和类型将产品分配给π容器

运输特征：
运输量将π容器分配给运输环节
每一次运输的物流服务等级

路由特征：
每一次运输的目标路由，定义为分段/节的顺序，含时间规格

运输/装卸特征：
将π容器分配给π方式
将π方式分配给π链接

移动特征：
装载、移动、分拣、存储、取回和卸载订单的过程

数据传输给低一层

供应商 L7 物流网络层 — 含交付要求的购买订单 — 客户 L7 物流网络层
L6 封装层 — 订单监督
L5 运输层 — 运输&π容器分配&监督
L4 路由层 — 路由分配&监督每一次运输&π容器
L3 网络层 — 网络状态监督，路由分隔，分配&监督
L2 链路层 — 验证&监督每一次货运流链路状态&路由分隔移动订单
L1 实物层 — π容器和π方式状态/缺陷监督&移动订单跟踪

数据传输到上一层

图 18　根据 OLI 模型开发的实物互联网层

此外，分层结构表明，目前我们可以设想转向具有广泛分布的控制结构的"智能"容器。服务层确实应用在实物互联网的每个用户上，但也在每个节点上或多或少得到提升，以确保容器被路由和监控。

实物互联网的协议

■ 分层结构的前景

这种最初的方法忽略了基础设施，我们可以合理质疑它们与实物互联网的整合。实际上，在 IT 网络中，电线或光纤仍然是简单的组件，很大程度上仍然不够"智能"。为了与其他工作建立联系，并提高系统的效率，我们可以设想添加实物层，从容器支持（通信处理设备或车辆）到基础设施本身（"智能"或自动化道路，特别是"智能"排序和存储基础设施），以更好地表达其状态，从而控制交通、选择行程等。

此外，这些层应该向多个非实物层（例如网络层和路由层）提供服务并从这些层接收服务，以在它们的使用和使用它们的服务的性能之间寻求平衡。例如，枢纽的饱和度水平，或道路的交通情况，都能够传达此信息，以便根据所使用的车辆更新处理和到达时间的数据。诚然，与低得多的物流操作效率相比，物流网络应能利用信息的高速进行预测、调节和控制。在数字互联网上实施这种预测、调节和控制活动要困难得多，因为在数字互联网上传输的信息是实时同步的，不存在提前预测的空间。

因此，问题不是了解广义上的智能基础设施（交通和道路）是否是一个有趣的补充（是的！），而是它是否应该包含在分层互联模型中。本书提出的解决方案是一种初步方法，需要进行补充，目前仍不确定具体方法。

实物互联网的这些结构化组成，使我们重视探讨 PI 枢纽的作用。PI 枢纽是实现前四层的关键 PI 组件，充当容器的路由器。

实物互联网的路由中心：枢纽

过去十五年的标志是公路货运量的增加，从长远来看，这不符合可持续货运的愿景。公路运输因其灵活性而成了主要物流形式，特别是在时间安排、货物的大小和直达目的地这些方面。必须以多式联运物流系统的形式提供一种有效的替代方案，该系统能够显著减少卸载/重新装载，这是目前的症结所在。

🔍 枢纽：影响实物互联网性能的重要组成部分

尽管每种交通方式都必须优化，但只有多式联运，也就是有效联合不同的交通方式，才能实现资源的最佳且可持续利用。如上一章所述，实物互联网有助于尽可能高效使用多式联运货运，依靠容器体积的整合，能够从一种模式切换到另一种模式，而不会出现令人望而却步的额外成本或交货时间。

自海运容器引入以来，散货海运的发展为我们提供了一个重要的例子，说明在特定领域可以做什么、取得的成果以及由此产生的转变。在卸载/重新装载（港口过境）和交货时间上节省一个数量级的经济成本，不仅彻底改变了海运，还彻底改变了整个经济领域。

实物互联网为通过枢纽（物理路由器）的转运增加了更多的卸载/重新装载工作，以便从小型 PI 容器的运输中获益。因此，专为各种大小的 PI 容器设计的枢纽的效率，对于整个系统的性能至关重要。这种效率是从几个层面上确定的，特别是在路由算法中，该算法应在最佳路线上对货运流进行分组，同时使运输工具饱和并遵守交货时间。我们将在下一章中回到这一点，该章谈及如何实现这些算法。

请注意，如图 19 所示，枢纽的目标是将大小适合需求的货物直接送到客户手中，从而减少库存，即使这样做需要更多的卸载/重新装载操作。

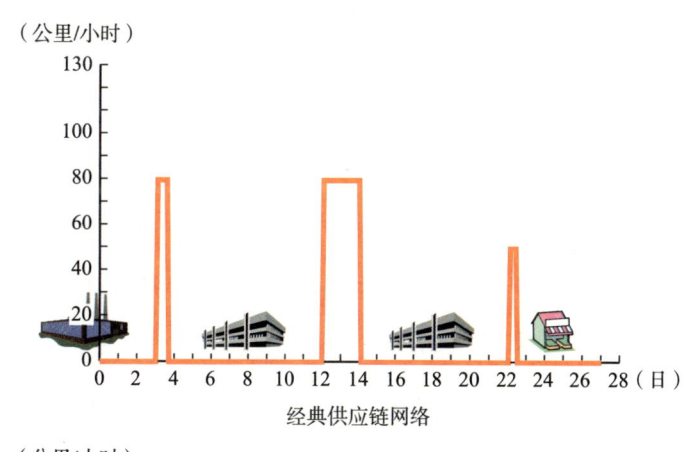

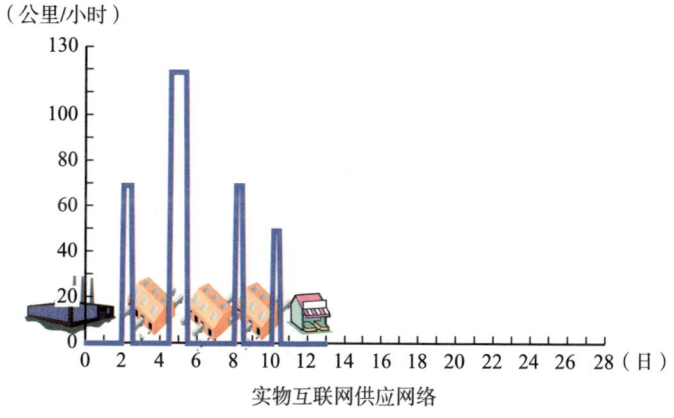

图 19 实物互联网在消费品包装中所寻求的流量加速图示

注：Y 轴表示路线的速度（枢纽和存储场所为空），它根据运输工具而变化。

这种效率也在各种规模的枢纽的实际实现中确定，这些枢纽专门用于越库各种尺寸的 PI 容器。尽管在运输容器中，扭锁本身已成为将它们固定在地板上和堆放时锁定它们的手段，目前还没有针对中等尺寸或小尺寸容器的普遍适用的解决方案。这些机制及其作用，对于不同的必要枢纽来说至关重要。

各类型的枢纽

在数字世界中，中小企业的互联网路由器，与两个大型自治系统之间的路由器几乎没有共同之处，每个大型自治系统均由接入的供应商运营，或者位于海底电缆的入口处。同样，根据接受的 PI 容器的大小、正在使用的运输方式甚至交通水平，无疑需要设想非常不同的技术解决方案。在城市层面，PI 容器大多很小。但是，如果使用海运、铁路或内陆水路，则仅会出现大型 PI 容器。交通方式之间的接口也需要特定的枢纽来互联其特定模式的功能。

我们在表 4 中看到，有 22 种类型的单一模式/单模式和双模式枢纽，这还没计算影响设计的交通规模或可能出现的不同技术所带来的额外差异。基于这种呈现，可以构建三种模式的枢纽等。

我们现在将专注于铁路和公路之间的特定类型的枢纽，将其限制为最大的容器，但不失一般性，我们稍后会展示。

表4 按运输方式组合划分的枢纽类型及其可处理的 PI 容器尺寸（与服务网络类型无关）（L = 与重型运输工具截面兼容的大型 PI 容器，M = 容积约 1 立方米的中型 PI 容器，S = 小型 PI 容器/盒子）。例如，航空—铁路枢纽无需处理零散的小型 PI 容器（S），可据此设计；而卡车—轻型车辆枢纽则需兼容全部尺寸，其余组合依此类推

枢纽类型	轮船	火车	驳船	飞机	货车	轻型车辆	人工
轮船	L: √ M: S:	L: √ M: S:	L: √ M: S:	∅	L: √ M: √ S:	∅	∅
火车		L: √ M: S:	L: √ M: S:	L: √ M: √ S:	L: √ M: √ S:	L: √ M: √ S:	∅
驳船			L: √ M: S:	∅	L: √ M: √ S:	L: √ M: √ S:	∅
飞机				L: M: √ S: √	L: M: √ S:	L: M: √ S:	L: M: S: √
货车					L: √ M: √ S: √	L: √ M: √ S: √	L: √ M: √ S: √
轻型车辆						L: M: √ S: √	L: M: √ S: √
人工*							L: M: S: √

注：*人工 = 步行、骑车等。

🔍 公路/铁路枢纽，新型多式联运

多式联运平台已经出现在公路和铁路之间转运当前的大型容器。

然而，他们的组织基本上是根据铁路模式的限制而不是货物流的限制设计的。因此，货物仅仅在单行路径上运输至物流末端，需要大量耗时且成本高昂的牵引操作。本书提出的公路/铁路枢纽将铁路与公路之间以及火车之间的越库功能组合在一起，从而毋须通过分拣中心，因为通过分拣中心会延迟交货时间和造成危险，更不用说它们的占地面积了。

一般来说，用于货运的智能自动化公路/铁路系统，减少了人为干预，如卸载/重装、错误、转移等。正如数字互联网加速了大量的日常信息搜索一样，实物互联网试图通过让尽可能多的处理操作自动进行，并提高系统（运输系统、分拣和路由系统等）的互操作性，在货运领域加速信息搜索。在这部分中，我们将介绍实物互联网的一个重要组成部分，包括一个公路/铁路枢纽的示例，它是一个流路由器，正如用于数字互联网的 TCP/IP 路由器。

我们将提出火车和半挂车的枢纽概念，会详细说明其中一个版本，并针对不同的配置评估其性能。

基本思路是，尽管卸载/装载会带来额外的成本和复杂性，但在系统的整体效率和服务潜力方面产生的好处，将抵销这种额外成本。

公路/铁路枢纽设计展示

🔍 公路/铁路枢纽的功能和架构

枢纽的设计和架构是为了解决铁路轨道、公路出口以及"重型"流量的必要交叉问题。这些困难根据不同的排序技术以不同方式克服,但它们共同的原则是基于多个轨道进行排序,因为始终存在起点或终点与一条轨道之间的一一对应关系。

在这个领域进行的研究表明,铁路车辆分拣操作的复杂性以及等待达到关键规模才能通过分拣中心进行转运的必要性,这是采用这些技术的一个重要制约因素。

为了克服这些限制,本书提出的概念,围绕单个轨道进行组织,并将 PI 枢纽的操作分为 4 个功能区。在这种情况下,按顺序,一列火车至少有一个卸载、移动和装载序列,或几个链接的序列,每个序列只处理火车的一小部分。

如图 20 所示,该枢纽的组织是:围绕双模式公路→铁路区、双模式铁路→公路区、单模式后铁路区和单模式前铁路区。最后两个区域用于实施容器铁路转运。双模式区和单模式区布置在铁轨的两侧。

实物互联网：物流网络的网络

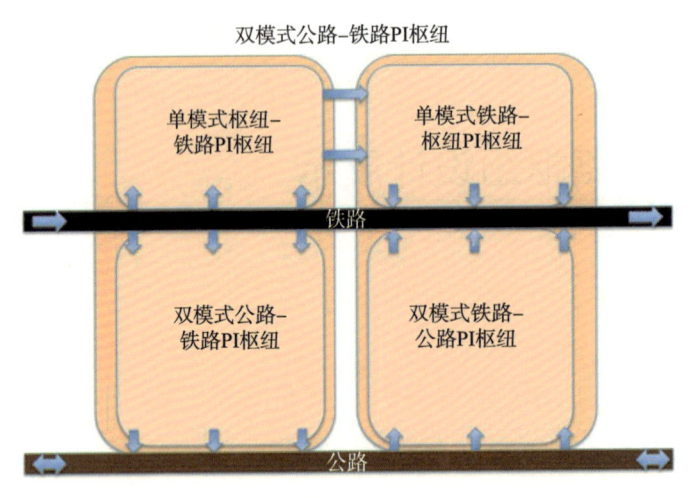

图 20　公路/铁路 PI－枢纽的简化概念模型

上面两个区域是铁路内区域，下面两个区域是公路和铁路之间的界面。进入枢纽的列车首先到达左侧区域，该区域的上面为轨内卸货区，下面为公路卸货区。沿着一个区域行驶后，火车从下半部分的公路或上半部分的铁路到达重装区。

我们注意到，在这个阶段，图中没有道路→道路流，因为在枢纽内的这个阶段没有这一规划，但是这个单模式流添加起来很容易。在处理一个容器和同时处理一列火车上的所有容器之间，可以调整同时处理区域的大小以应对交通量的增长。

从单个堆垛机到自动转运设施，这种功能可以以不同的方式来描述。

可行的公路/铁路枢纽设计示意图

上一节中描述的概念框架，允许多种公路/铁路的 PI 枢纽布局变化，具体取决于已建立的技术和能力以及所选的运营策略。下面我们描述了一种潜在的设计，它既简单，又提供远超当下的性能。

■ 公路/铁路 PI 枢纽的总体性设计

要清楚地了解设计，我们必须从宏观视图开始，如图 21 所示。枢纽基于与主铁路线平行的专用线。此外，如有必要，可以为到达 PI 枢纽的火车和离开主线的火车设置等待轨道。到达枢纽的列车永远不会分开。它们的轨道车总是保持连接，并形成一列火车。当大型 PI 容器的卸载和重新装载完成后，列车将沿着专用线离开，重新加入主线。

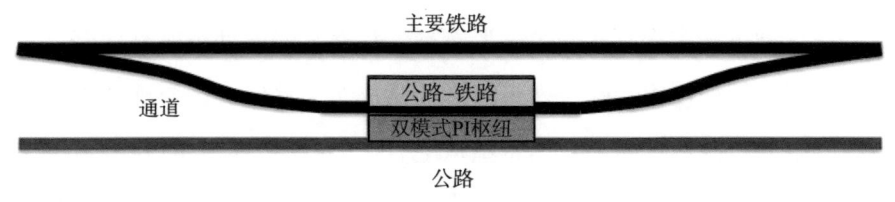

图 21 公路/铁路 PI 枢纽宏观示意

如前所述，公路/铁路枢纽本身由两个模块组成，一个专门用于卸载 PI 容器并将其转移到公路或铁路，另一个专门用于从公路或铁路装载容器。如图 22 所示，这两个模块中的每一个都被设计为同时处理五节轨道车，包括卸载和重新装载。因此，在图 22 中，我们看到火车已经停止，因此前 5 节轨道车在双模式铁路→公路和单模式铁路→铁路 PI 枢纽中就位，并形成与每节轨道车位置对齐的区域。

实物互联网：物流网络的网络

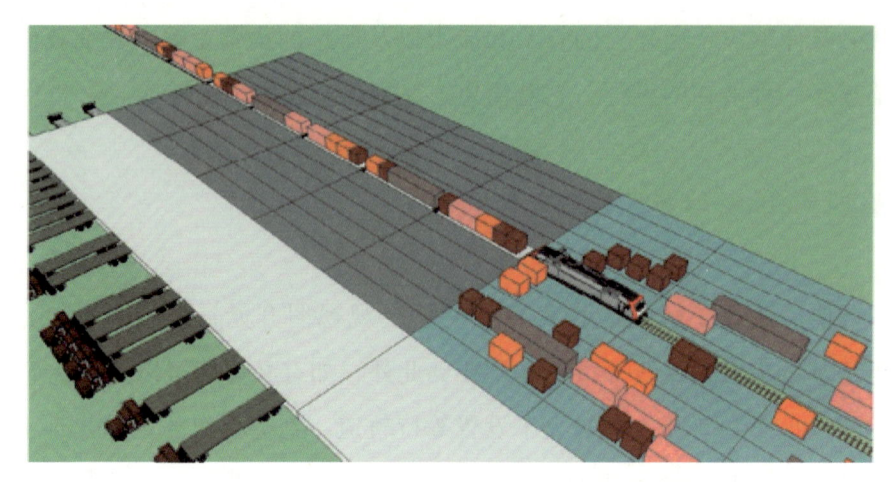

图 22　25 节轨道车组成的火车在时间 0 到达时公路/铁路枢纽状态

第一个重要的设计决策是关于能够同时处理 5 节轨道车的区域数量，这些区域的结构也是如此。

在这种设计中作出的一个重要选择，包括从侧面处理所有容器，更具体地说，例如使用特殊传送带将它们从火车上移走。这个选择来自架空线的限制。诚然，如果我们希望从上方接触容器，需要断开电力火车并用内燃火车替换它，执行脱钩产生的安全操作，然后在放置新的线路牵引设备时重新连接，并重新执行操作。如果做不到这一点，就必须为枢纽部分开发一种由第三条轨道供电的新火车。

■ 由公路/铁路枢纽处理的 PI 容器尺寸[①]

公路/铁路枢纽设计中的另一个战略决策是，其接受处理的 PI 容器和轨道车的范围。开发的概念仅限于 2.4 米高 ×2.4 米宽的 PI 容器，可

---

① 尺寸是净尺寸的数量级的顺序。

能的长度为 1.2 米、2.4 米、3.6 米、4.8 米、6 米和 12 米。这一大小范围也将在下一章中采用，我们会在下一章测试系统的整体性能。

我们对净尺寸为 2.4 米宽和 18 米长的轨道车施加了限制。此外，我们不会像北美那样堆放 2.4 米高的容器。这意味着一节轨道车至少承载 2 个横截面为 2.4 米×2.4 米的大型 PI 容器，和最多 15 个短至 1.2 米的 PI 容器。这也意味着在操作上，如图 24 所示，在轨道车上放置或移除容器的宽度或高度永远不会有问题，这是简化操作和提高生产率的一个重要因素。

公路/铁路枢纽的系统性设计

本节以处理一列火车为例，系统地描述了枢纽的运作，其中，要经过枢纽的容器会在此卸载，然后将要离开枢纽的容器会在此把货物装到这列火车上。

首先，图 22 显示了火车到达时枢纽的初始状态。我们从一开始就注意到，半拖车停在枢纽→道路平台码头（见图 20），等待 PI 容器装载并转移给它们。根据图 20 中所示的概念逻辑，它的右侧部分还显示了一组停放在铁路前和公路→铁路分拣机中的容器。

需要纵向和横向运动的侧面分拣机的设计，对于这种尺寸的容器来说是创新的，但已经小规模地存在了，是由卡尔斯鲁厄大学凯·弗曼（Kai Furman）教授的团队开发的。这是在斯蒂芬·H. 迈尔（Stephan H. Mayer）2009 年的论文中开发的柔性输送机系统[1]。该系统的优势在于每个模块完全分散和相同的编程，无须重新编程

---

[1] 由方形模块组成的双向输送系统，每个模块都有自己的控制单元。观看视频：http://www.youtube.com/watch?v=nkWHl3xSr0M。

实物互联网：物流网络的网络

即可构建不同的配置。还可以参考格和金（Gue & Kim，2007）关于 GridFlows 系统的研究，以了解这些系统还可以完成哪些任务[①]。

枢纽的四个组成部分，全部由一个五乘五的矩阵表示，其中矩阵中的每个位置对应于轨道车的装载空间。从概念上讲，通过一个特殊的平台，PI 容器从他们的轨道车上被运送到相邻的单元，然后分拣机将它们移动到合适的目的地，在那里它们由一个平台带到出站拖车或轨道车上。从技术上讲，有许多解决方案可以执行这种处理，包括从传送带到起重机和车辆的技术。不过在现阶段的研究中，尚未探索这些技术的可能性。

在操作层面上，所建议的公路/铁路 PI 枢纽在其封闭空间内会有每个周期的固定速度，在这种情况下，假设固定为 1 分钟，然后固定为 45 秒。这一速度校准所有操作，为每个操作分配相同的时间：

○ 从轨道车或拖车上卸下一个容器；
○ 将一个容器从分拣机的一端移动到另一端；
○ 将一个容器从平台的一端移动到另一端；
○ 将一个 PI 容器装载到轨道车或拖车上。

这一速度控制着枢纽的运营动态。例如，我们假设图 22 所示的火车到达对应于时间 0，图 23 则说明时间为 1 分钟时的状态。我们注意到在左下方，五个容器已从其进入的轨道车上卸货，并位于枢纽→公路分拣机的相邻位置，而在左上部分的后轨分拣机中，三节轨道车处于同一阶段。此处的操作策略，同时限制卸载或装载到不相邻的轨道车上，以简化技术问题，如图 23 所示。

[①] 观看视频：http：//www.youtube.com/playlist？list = UUJEN6TuTWOsNKg3x9Ou – UTw。

公路/铁路枢纽设计展示

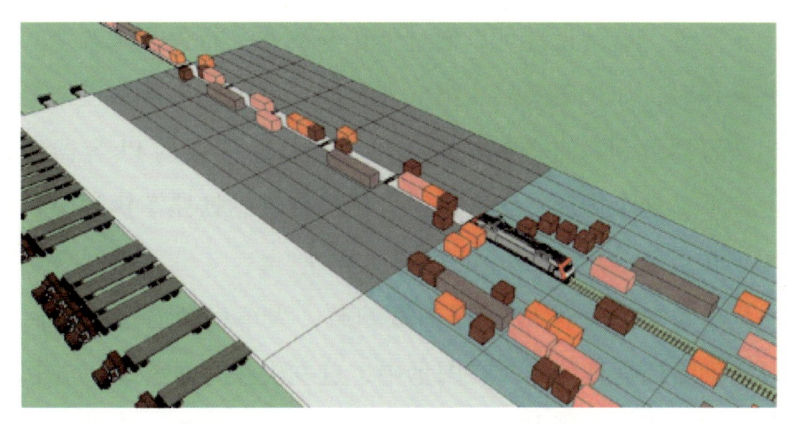

图 23　火车到站 1 分钟后公路/铁路枢纽状态

按照这个速度，1 分钟后，在时间 1 时，从它们的轨道车上取出的容器，已经到达了各自分拣机的目的地。同时，第二波 PI 容器已从相应的轨道车中提取出来。因此，图 24 显示了 2 分钟时的状态。

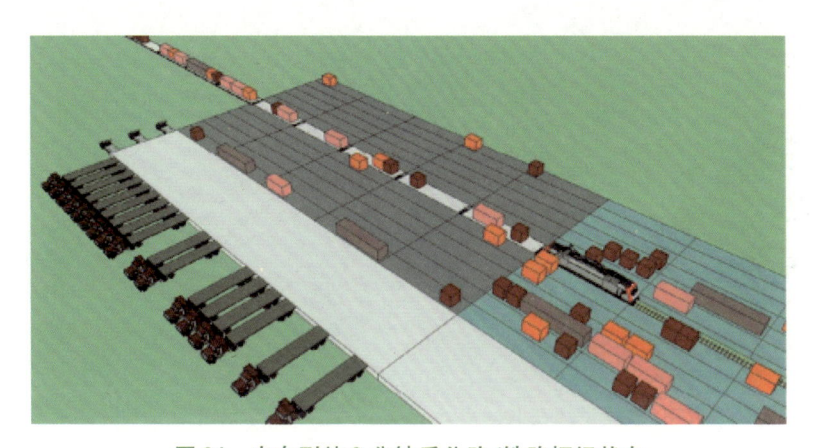

图 24　火车到站 2 分钟后公路/铁路枢纽状态

一旦到达枢纽→公路分拣机的末端，在下一个周期中，PI 容器将由枢纽→公路平台处理，该平台将它们运送到出站卡车的尾部。如图 24 所示，此处涉及将容器旋转 90 度以使其与卡车对齐，停在平台左

81

实物互联网：物流网络的网络

端的卡车除外。这种设计可以通过卡车与码头平行停放来改变。在执行这些操作时，如果确实需要第三波容器，则将刚刚从轨道车上取下的第二波容器滑到各自分拣机的末端，并将第三波的 PI 容器从其轨道车上卸下。这个循环持续进行，直到所有进站铁路车辆的容器都被卸载用于转运至道路/铁路中心枢纽。

一旦运输中的所有 PI 容器都被卸载，火车将向前移动五辆轨道车，以启动新的运营阶段。在图示中，这发生在时间点 5，如图 25 所示。我们注意到，几辆卡车和拖车已经装载了分配给它们的容器，并且目前有两辆正在离开。我们还看到，第一波要装载到轨道车上的容器已经被相应的分拣机带到站台边缘，准备装载到它们的轨道车上。此准备工作，是在火车从运输到枢纽的容器开始，作为后台任务执行的。

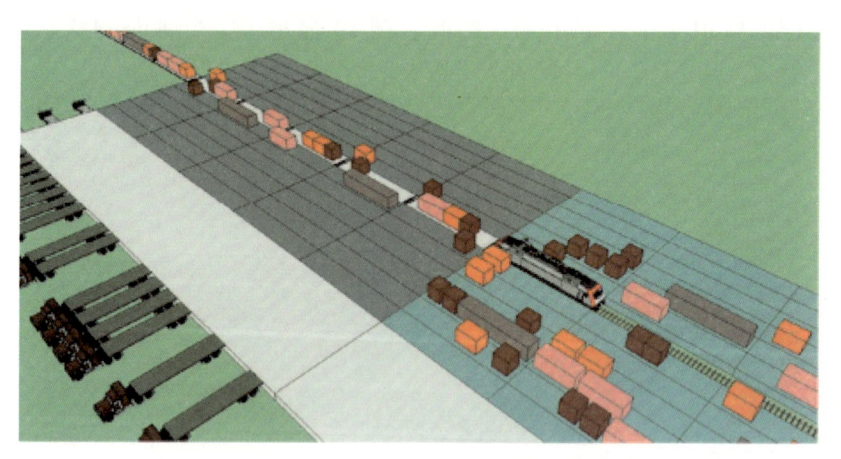

图 25　公路/铁路枢纽在时间点 5 的状态，显示火车前进了五节轨道车，
以触发第二个运营阶段

列车前进 1 分钟后，第一波装卸已经开始。循环继续，直到运输中的所有传入 PI 容器都已从其各自的轨道车上卸载，所有运输中的出发容器都已装载到各自的轨道车上，并且火车离开枢纽。

公路/铁路枢纽设计展示

该枢纽的运营是连续的，从一列火车移动到另一列。与列车相关的周期重叠，因为枢纽可以在未来列车到达前，甚至在当前列车离开枢纽前，就开始处理未来列车的 PI 容器。如图 26 所示，时间点 17 时枢纽的状态，即使当前正在处理的列车的装载和卸载操作尚未完成，下一列车的容器已开始接收。最后，图 27 显示了火车最终出发时枢纽的状态，仅仅在它到达 24 分钟后！

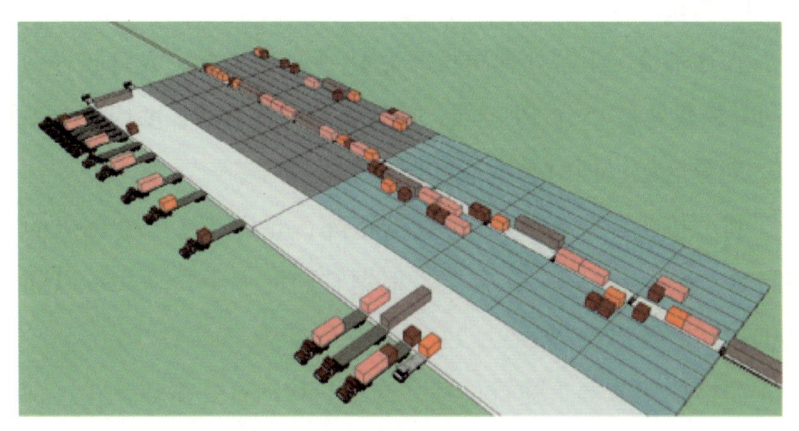

图 26　时间点 17 的公路/铁路枢纽状态，显示在同时装卸过程中，靠近下一列进站的容器已经开始通过公路到达

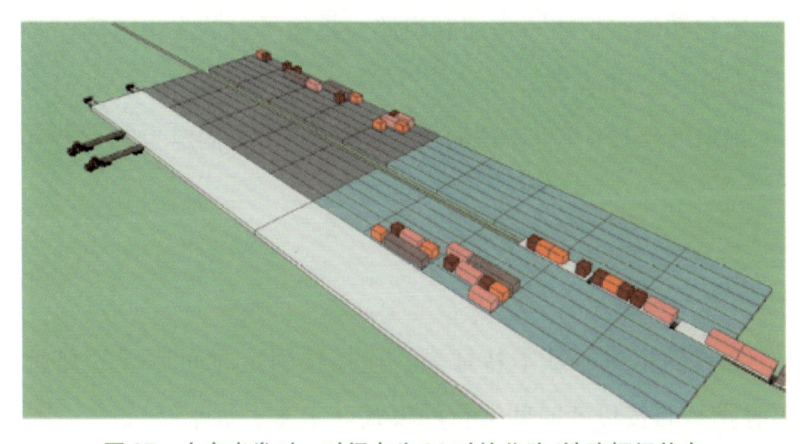

图 27　火车出发时，时间点为 24 时的公路/铁路枢纽状态

简而言之，基于概念模型的公路/铁路枢纽的主要设计组成部分是：

○ 将枢纽定位在与主线平行的轨道上；

○ 保持列车的一致性，无须连接或断开任何轨道车；

○ 限制处理的 PI 容器的范围，在这种情况下，容器属于大尺寸类别，宽和高 2.4 米，长度分别为 1.2 米、2.4 米、3.6 米、4.8 米、6 米和 12 米；

○ 在这种情况下，处理净长度为 18 米的轨道车，允许在一节轨道车上同时装载最多 15 个 PI 容器，前提是这些容器的长度均为 1.2 米；

○ 划分区域以同时装载或卸载五节轨道车；

○ 将分拣机配置为 5×5 位置的矩阵，允许在 4 个分拣机的每一个中同时分拣最多 25 个 PI 容器，根据它们的大小，总共可以同时分拣 100~1500 个 PI 容器；

○ 严格使用节奏 T 强行加载、卸载和移动这一循环，在这种情况下 T 固定为 1 分钟；

○ 同时限制卸载或装载轨道车上不相邻的容器；

○ 定位和确定枢纽→道路和道路→枢纽平台的大小，确保必要时可以移动和旋转 PI 容器；

○ 确定平台上卡车停车位的数量和位置，此处固定为 25 个停车位。

■ 运作模式

公路/铁路枢纽的基本特征是，连接按固定时间运行的交通方式（火车时段）与按可变时间运行的模式（卡车、货车等）。

因此，这类枢纽结合了固定时间表的模式与更灵活的模式。火车时刻表引导卡车到达，以缩短交货时间并限制空间饱和度[1]。

此外，公路/铁路枢纽的运营模式可能会根据其在网络中的位置而有所不同。

诚然，靠近城市的公路/铁路枢纽，可以接收专门发往该枢纽的火车：例如从勒阿弗尔或里昂到巴黎，这赋予了它一个总站的角色，处理的卸载量比部分停靠站大得多。研究北/南轴的 AxeFret 项目中也有相同的总站角色（Salini, 2006）。

就火车运输而言，这些是由火车时段分配来定义的，因此在短期内是完全固定的。这就是为什么，正如已经提到的，我们必须设想替代路线，甚至捷径来应对交通高峰，以维持经济效益。

在装卸方面，换句话说，就是选择火车上的容器位置，可以设想几种策略：

○ 按相同的目的地（一组要在同一枢纽卸载的轨道车）安排。这种策略最大限度地缩短了在目的地的卸载时间，但可能导致容器装卸问题或运力损失。

○ 根据上述原则，按相同的出发地安排。

○ 按容器类型安排等。

作出的这些选择，是基于使用动态模拟工具对枢纽和网络的运行进行更详细的研究。

公路/铁路枢纽的性能探究

不用说，枢纽的性能不仅取决于策略（每个枢纽可能不同），还

---

[1] 为了保护枢纽的运营，如航运港口的做法，我们可以设想一些区域来存放提前到达的卡车或容器，或存放迟到卡车的容器。

取决于要处理的容器组合及其大小。尽管如此，在下文中，我们提供了对此类枢纽性能的初步预期。

这里我们考虑等效容量为 3 标准箱（TEU）、长度为 19.8 米的轨道车，由 30 节轨道车组成的列车。假定的每 TEU 净体积为 2.4 米×2.4 米×6 米，基于消费品包装产品的每 TEU 20 吨货物。所讨论的火车在尺寸上仍然小于法国常见的火车，以及可能的欧亚运输走廊的火车，见表 5（United Nations，2007）。

表 5　　　　　　　　　　　火车可通过枢纽的货运量

火车数量（列）/天	轨道数量（节）/天	总长度（米）	净长度（米）	净容量（立方米）	净货运量（吨）
1	30	624	540	3110	1800
5	150	3000	2700	77760	9000
10	300	5970	5400	311040	18000
20	600	11910	10800	622080	36000

表 5 显示，假设每天途经枢纽的货运流非常高。需要将它们拆分成容器，从而根据容器的样式和每天的列车数量，来确定每天要进行的装卸量，如表 6 所示。

表 6　根据容器长度，假设火车只运载一个容器长度，每天通过铁路方式
　　　　　　通过枢纽的最大容器数量

火车数量（列）/天	1.2 米	2.4 米	3.6 米	4.8 米	6 米	12 米
1	450	225	150	113	90	45
5	2250	1125	750	563	450	225
10	4500	2250	1500	1125	900	450
20	9000	4500	3000	2250	1800	900

表6的结果是，根据存在的容器类型，装卸次数在1~10的范围内。因此，架构和处理设备必须适应这一点。

为了给出不同列车配置要实施的设备的数量级，表7指明移动次数和执行这些操作所需的时间。所作的假设涉及：

○ 同时处理的轨道车数量：1~15节之间。

○ 能够并联工作的站点数量；这个数字以每侧同时处理的装载站的数量表示：2~150之间。这个数字乘以2得到枢纽的总数。

○ 在铁路/枢纽站台的每个站点处理一个容器所需的时间，例如1分钟（保守假设，因为这个时间可以通过堆垛机来实现）或45秒（这个假设基于通过自动化线路传输的设施）。

○ 在PI枢纽中重新定位火车所需的时间；这个时间在1分15秒~4分45秒之间（验证当前操作是否完成，X节轨道车的移动，即根据枢纽的大小在20~300米之间）。

○ 事实上，分拣机和枢纽/道路平台上游的操作不会造成任何堵塞。

根据上述工作原理，列车首先从前X节轨道车（图23~图27中X=5）的两侧卸载，然后向前行驶，在接下来的步骤中，轨道车同时装卸。最后一步只是加载最后X节轨道车。

表7和表8显示了两种情况：

○ 第一种情况：轨道车移动15节，其中6个站点用于卸载，然后6个站点用于装载。

○ 第二种情况：这是一个自动化程度更高的设施，5节轨道车用于卸载，5节轨道车用于装载，同时有150个车站。

实物互联网：物流网络的网络

表7 带堆垛机的枢纽性能

火车数量（列）/天	轨道车数量（节）/天	总长度（米）	运行长度（米）	净体积（立方米）	装载量（吨）	容器长度（米） 1.2	2.4	3.6	4.8	6	12	装卸比（%）	运输数量	卸载时间	装卸时间
1	30	624	540	3110	1800	17%	17%	17%	17%	17%	17%	30	54	0：18：26	0：22：54
5	150	3000	2700	77760	9000	17%	17%	17%	17%	17%	17%	30	268	1：32：11	1：54：32
10	300	5970	5400	311040	18000	17%	17%	17%	17%	17%	17%	30	536	3：04：23	3：49：04
20	600	11910	10800	1244160	36000	17%	17%	17%	17%	17%	17%	30	1073	6：08：45	7：38：08
1	30	624	540	3110	1800	17%	17%	17%	17%	17%	17%	100	179	0：39：18	0：54：11
5	150	3000	2700	77760	9000	17%	17%	17%	17%	17%	17%	100	894	3：16：28	4：30：56
10	300	5970	5400	311040	18000	17%	17%	17%	17%	17%	17%	100	1788	6：32：55	9：01：53
20	600	11910	10800	1244160	36000	17%	17%	17%	17%	17%	17%	100	3575	13：05：50	18：03：45
1	30	624	540	3110	1800	100%	0%	0%	0%	0%	0%	100	450	1：24：30	2：02：00
5	150	3000	2700	77760	9000	100%	0%	0%	0%	0%	0%	100	2250	7：02：30	10：10：00

轨道车数量　30
轨道车长度　19.8米
运行长度　　18米
运行空间　　43.2平方米
净体积　　　103.68立方米
装载量　　　60吨

装卸　　　　　　0：04：45
容器/火车分配　　0：01：00
宽度　　　　　　2.4米
高度　　　　　　2.4米
火车单位时间车数量　15
轨道车站台数量　　6

公路/铁路枢纽设计展示

续表

	轨道车数量 轨道车长度 运行长度 运行空间 净体积 装载量			30 19.8 米 18 米 43.2 平方米 103.68 立方米 60 吨	容器/火车分配 宽度　2.4 米 高度　2.4 米						装卸 0:04:45 0:01:00 15 6		火车 单位时间 轨道车数量 站台数量
火车数量 （列）/天	轨道车数量 （节）/天	总长度 （米）	运行长度 （米）	净体积 （立方米）	装载量 （吨）			容器长度 （米）			装卸比（%）	运输数量	卸载时间	装卸时间
						1.2	2.4	3.6	4.8	6	12			
10	300	5970	5400	311040	18000	100%	0%	0%	0%	0%	0%	100	4500	14:05:00	ND
20	600	11910	10800	1244160	36000	100%	0%	0%	0%	0%	0%	100	9000	ND	ND
1	30	624	540	3110	1800	0%	0%	0%	0%	0%	100%	100	45	0:17:00	0:20:45
5	150	3000	2700	77760	9000	0%	0%	0%	0%	0%	100%	100	225	1:25:00	1:43:45
10	300	5970	5400	311040	18000	0%	0%	0%	0%	0%	100%	100	450	2:50:00	3:27:30
20	600	11910	10800	1244160	36000	0%	0%	0%	0%	0%	100%	100	900	5:40:00	6:55:00

89

实物互联网：物流网络的网络

自动化枢纽的性能

表8　自动化枢纽的性能

火车						装卸							火车		
轨道车数量		30				容器/火车分配							单位时间	0：02：45	
轨道车长度		19.8米				宽度		2.4米					轨道车数量	0：00：45	
运行长度		18米				高度		2.4米					站台数量	5	
运行空间		43.2平方米												150	
净体积		103.68立方米													
装载量		60吨													

火车数量（列）/天	轨道车数量（节）/天	总长度（米）	运行长度（米）	净体积（立方米）	装载量（吨）	容器长度（米）						装卸比（%）	运输数量	卸载时间	装卸时间
						1.2	2.4	3.6	4.8	6	12				
1	30	624	540	3110	1800	17%	17%	17%	17%	17%	17%	30	54	0：18：00	0：18：45
5	150	3000	2700	77760	9000	17%	17%	17%	17%	17%	17%	30	268	1：30：00	1：33：45
10	300	5970	5400	311040	18000	17%	17%	17%	17%	17%	17%	30	536	3：00：00	3：07：30
20	600	11910	10800	1244160	36000	17%	17%	17%	17%	17%	17%	30	1073	6：00：00	6：15：00
1	30	624	540	3110	1800	17%	17%	17%	17%	17%	17%	100	179	0：18：00	0：18：45
5	150	3000	2700	77760	9000	17%	17%	17%	17%	17%	17%	100	894	1：30：00	1：33：45
10	300	5970	5400	311040	18000	17%	17%	17%	17%	17%	17%	100	1788	3：00：00	3：07：30
20	600	11910	10800	1244160	36000	17%	17%	17%	17%	17%	17%	100	3575	6：00：00	6：15：00
1	30	624	540	3110	1800	100%	0%	0%	0%	0%	0%	100	450	0：18：00	0：18：45
5	150	3000	2700	77760	9000	100%	0%	0%	0%	0%	0%	100	2250	1：30：00	1：33：45

续表

	火车 轨道车数量 轨道车长度 运行长度 运行空间 净体积 装载量		30 19.8 米 18 米 43.2 平方米 103.68 立方米 60 吨	容器/火车分配 宽度 2.4 米 高度 2.4 米						装卸 0:02:45 火车 0:00:45 单位时间 5 轨道车数量 150 站台数量			
火车数量 （列）/天	轨道车数量 （节）/天	总长度 （米）	运行长度 （米）	净体积 （立方米）	装载量 （吨）	容器长度（米）					装卸比（%）	运输数量	卸载时间	装卸时间
						1.2	24	3.6	4.8	6	12				
10	300	5970	5400	311040	18000	100%	0%	0%	0%	0%	0%	100	4500	3:00:00	3:07:30
20	600	11910	10800	1244160	35000	100%	0%	0%	0%	0%	0%	100	9000	6:00:00	6:15:00
1	30	624	540	3110	1800	0%	0%	0%	0%	0%	100%	100	45	0:18:00	0:18:45
5	150	3000	2700	77760	9000	0%	0%	0%	0%	0%	100%	100	225	1:30:00	1:33:45
10	300	5970	5400	311040	18000	0%	0%	0%	0%	0%	100%	100	450	3:00:00	3:07:30
20	600	11910	10800	1244160	36000	0%	0%	0%	0%	0%	100%	100	900	6:00:00	6:15:00

实物互联网：物流网络的网络

  假设单一卸载的计算表明，该方案对列车上的容器混合和枢纽处理的容器数量的敏感性。因此，假设有不同尺寸的容器，并且只有 30% 的容器是越库的，那么火车在枢纽站停了 22 分 54 秒。如果 100% 的列车在枢纽越库，则处理时间在 20 分 45 秒~2 小时 2 分钟之间。因此，根据列车的容器构成，运力在 20 ~ 10 列车之间。我们必须注意该解决方案特别敏感的两个关键领域：容器的尺寸和部分卸载。

  然而，同样配备自动化解决方案的中心枢纽可以保证不管装卸多少种容器或多少容器，装卸时间保持不变。当然，要批准的投资是另一回事。

  基于拟议的 PI 枢纽概念，可以设想许多配置。

  为了探索可达到的性能范围，已根据模型在图 28 和图 29 中构建了成对的处理时间曲面。这些曲面根据卸载的容器和容器尺寸组合的比例概述了性能（以火车在枢纽的停站时间表示）。

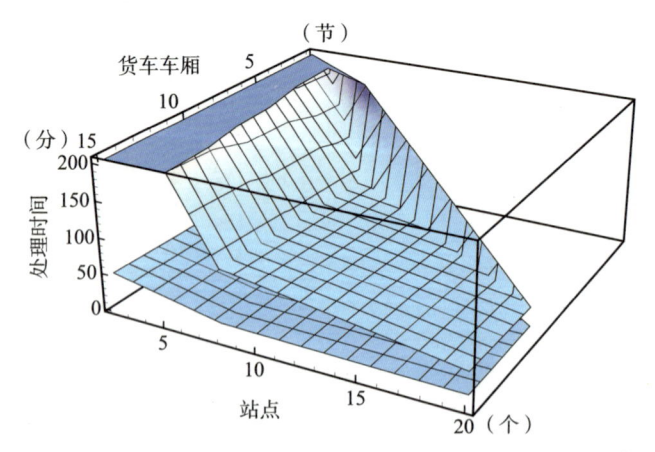

图 28 由堆垛机运营的枢纽的性能变化（以列车的停站时间表示）

因此，图 28 显示了一个操作，其中站点可以委托给堆垛机。可以设想该操作，但根据混合，在时间上有显著变化。图 28 有效地显示了两个曲面。上曲面根据运行中的站点数量和同时处理的货车数量给出了最大处理时间（100% 小容器），下表面提供最短处理时间（100% 大容器）。

然而，如果我们切换到具有更多站点、自动化程度更高的解决方案，如图 25～图 31 所示，我们会得到一个运营范围（5～10 节轨道车和 150～250 个站点），其换乘时间对容器混合和卸载率不太敏感，如图 29 所示。

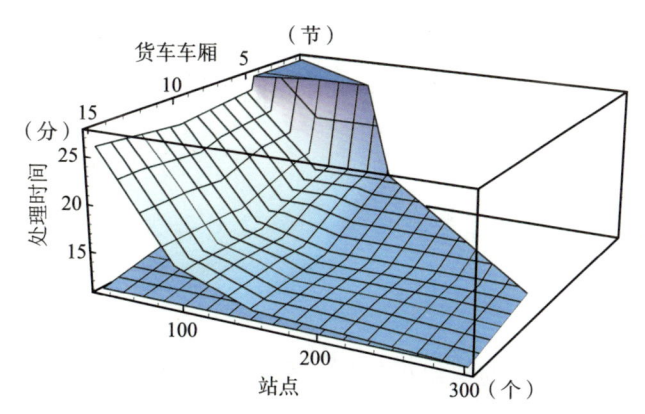

图 29 接口处由自动输送机运行的枢纽的性能变化（以列车的停站时间表示）

最终，拟议的枢纽获得了一个在很大范围内变化很小的转运时间，少于 20 分钟，与目前的分拣设施相比，每天将能在更小的区域处理大量列车。

在性能方面，这种枢纽的自动化版本似乎与 Axefret（Salini，2006）计划的相当大比例的货运流兼容，即每天 7000 TEU。然而，必须指出的是，实物互联网的拓扑旨在促进货物货运流的网格化，而

实物互联网：物流网络的网络

不是它们的极端集中（这会导致抵消规模边际效益的拥塞）。

为了真正确定这种枢纽及其变量在接近现实的条件下的性能，换句话说，在危险情况下，应该模拟动态货运流。这将有助于更精确地评估其规模，特别是考虑到某些危险，例如火车到达顺序与计划不同。

🔍 可行的公路/铁路枢纽延伸方案

如果这个枢纽以其自动化配置建立，那将是多式联运领域的一项重大创新。在欧洲，现已停止的 Commutor 项目针对的就是这类操作，但其背景和技术相对不同。在实物互联网中，我们可以设想对该概念进行两种扩展。

■ 构成

按照设计，拟议的枢纽仅处理大型容器。然而，无论是上游（从不同的生产中收集）还是下游（分发），都可能需要将较小尺寸的 PI 容器组合或重组为较大尺寸的 PI 容器组合。用于此活动的连接空间将补充公路/铁路枢纽，以处理这些小货物，而无须通过额外的枢纽中转。

■ 存储

此外，除了两种运输工具之间的吞吐量之外，为不同尺寸的容器提供存储空间，也可能有利。这个空间应该是独立的，因为很明显，输送机和分拣设备将非常昂贵，只能以有限的数量在枢纽出现。此外，还可以建立存储单元，以便在容器不紧急时或托运人希望预先放置 PI 容器时等待运输工具，直到确定目的地。

结　　论

在这部分中，我们大致介绍了实物互联网的某些组成部分，具体描述了 PI 容器所需的属性、它们的大小类别以及运行互联 PI 网络所需的协议。然后，我们通过示例检查了特定路由中心（公路/铁路枢纽）的场景。由于信息系统等许多重要细节，这种方法仍然是零散的；此处不讨论操作过程和经济模型。然而，这些初始组成部分并不是随机选择的：放在一起，它们已经能够模拟网络的运行。乍一看，除了组成部分的运作之外，整体的表现难以理解。下一部分，通过仿真模型解决了这个问题，这些模型将用于理解拟议系统的动态及其性能。

第三部分

实物互联网的表现如何?

实物互联网的潜力

第三部分对实物互联网的性能提出了疑问，尤其是在逐步引入的框架内，本章重点检查其潜力，评估其在每个步骤中的可行性，并思考会遇到哪些阻碍因素。毫无疑问，只要一个系统能够变革当前的做法，并且表现比当前系统好很多，这个系统一定会发展。在此，我们主要模拟评估以一阶直接方式利用实物互联网的潜在性能增益。不过，我们并不打算预测它的最终潜力，因为目标太大了。

为了评估互联物流系统，实验平台必须提供数据支持。实验平台由两个模块组成。第一个模块是用于设计枢纽和服务网络的工具，该网络将构成要模拟的实物互联网的一部分，而第二个模块则是模拟其操作。

一旦介绍了所有的方法细节，就能呈现和分析所获得的实验结果。

评估目标

预测一个尚不存在系统的性能通常是困难的。然而，对实物互联网性能的评估对于发现问题并验证实施所需的工作非常重要。因此，该方法基于包含模拟和优化工具的实验平台。

这个分析模型属于非常宏观但必然不精确的类型，例如巴洛特等（Ballot et al.，2011）发表的模型，以及在引入试点流程示范之前的可行性研究。因此，这个案例需要对客户订单、相关商流以及实现这些流所需的运输工具的使用进行精确建模。这里的重点放在运输受到影响的情况上，然后是库存管理，在与分散存储相关的其他工作中，也讨论了这部分。

这种建模必须满足两个目标。

第一个目标是，让评估锚定在尽可能接近现实的活动和流程中，以确保所衡量的问题具有可信度。

第二个目标更具前瞻性。这是一个着手进行的案例，开发的评估工具也可以用作测试平台。除了相关的场景之外，还有一个问题是建立一个较为通用的模型，以便用于后续测试。例如，它必须允许不同尺寸的容器组合在一起和不同的运输交付时间等。

因此，此评估的原则不是给予容器、网络和协议相关的设计问题提供明确的答复，而是从一个合理且一致的整体开始，衡量其性能并保持修改和改进的空间。

正是出于这个目的，我们开发并集成了一套工具，以形成一个实验平台。

实验方法和平台

我们选择利用一家真实零售配送流的数据库，该数据库在之前关于从零售商到制造商的订单汇集中使用过（Pan et al.，2011）。该数据库由家乐福和卡西诺提供，并在Déméter俱乐部的框架内准备，下一段中会说明其如何处理数量级商流，这也有助于确定问题。我们衷心感谢这些公司，尤其是他们的物流主管，感谢他们投入时间，并愿意就潜在主题进行合作。

此外，我们还通过 IGN 的地理数据库，描述以公路或铁路连接法国境内不同地点的基础设施。公路和铁路基础设施取自 Route 120 © 地理数据库。然而，与公路不同的是，在目前的铁路网中，我们不能认为所有货运站都可以提供常规服务，更不用说多式联运了。因此，我们基于将铁路网络限制在使用过的多式联运车站和交叉路口的几个主要站点进行了假设。由于此类站点的数量限制在 20 个左右，我们决定在铁路场景中使用所有这些站点。这些基础设施数据库的使用确保了每对地点（起点和目的地）之间的距离以及通过各种基础设施（如次要道路、高速公路、铁路等）的旅行时间的准确性。尽管当前框架尚未涉及内河和海运航道的运营场景，但该系统完全有能力在这些领域扩展和应用。

这些商流和基础设施数据库都为实物互联网网络提供了一个初始优化模块。实际上，由于该网络不存在，必须按照以下方式进行设计。

零售商站点的要求，即订单，被合并并确定发货，然后在实物互联网中，它们在使用当前物流服务网络或先验确定的实物互联网交付之前被容器化。

因此，产品交付的模拟，无论是否采用容器运输，都会产生许多结果：卡车离开的时间、内容、容器到达枢纽等。这些事件已经被收集在结果数据库中，并且对应模拟痕迹，可以计算出所有类型的目标性能指标。

图 30 展示了该平台在 2011 年和 2012 年历时 18 个月开发的总体架构。

实物互联网：物流网络的网络

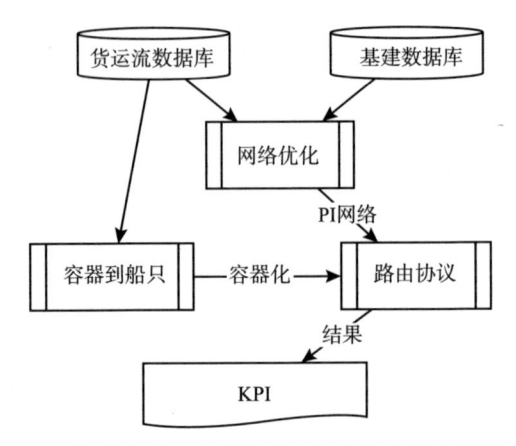

图 30　构成实验平台的数据库架构和计算步骤顺序

该平台采用的方法基于运筹学，源自两种相结合的方法，即优化和多主体离散事件模拟。下面简要介绍这些方法。

快消品配送场景

此处我们使用零售配送中的食品供应链来进行演示，零售配送的一个优势是，它可以通过服务于商店的生产和储存环节将供应链牢牢建立在本国境内。

此外，这些连锁店包括大型制造商以及中型企业甚至超小型企业，尽管我们的数据库中没有后者的代表。此外，很明显，制成品、汽车、化学品等的供应链相对不同，需要特定的发展：准时制、装配线端交付、常规流程等。

如上所述，货运流数据库是基于法国领土上的两个超市零售商家乐福和卡西诺以及它们的主要联合供应商（杂货、液体和家庭及个人护理产品类别排名前100）而建立的。因此，数据库包括饼干、水、苏打水、洗涤剂、薯片、罐头食品、茶等产品，以上这些产品来自可口可乐、达能、卡夫食品、雀巢、宝洁、百事可乐和联合利华等快消品行业的知名企业。这些供应链不包括单独处理的新鲜或冷冻产品，或也单独处理的家居用品、休闲用品、家用电器、服装等。

构建数据库的工作是在Déméter俱乐部的可持续物流的框架内进行的，耗时将近一年。以下段落详细说明了供应链的性质、站点的位置和流程。

实物互联网：物流网络的网络

🔍 所考虑的货运流：法国货运流的 1%

供应链的配置因利益相关者和需求而变化。因此有必要明确它们的范围。

主要有四类供应链，在图 31 中以线性方式表示，其变体包括通过包装分包商（"共包商"）进行促销的传输。

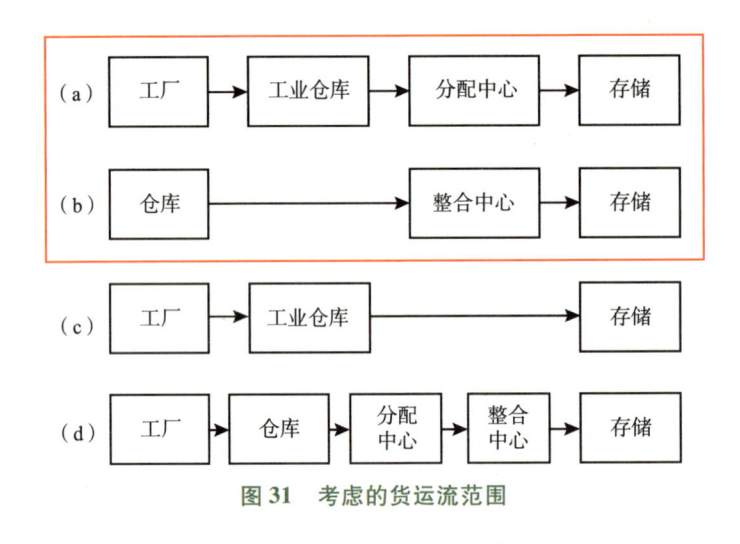

(a) 工厂 → 工业仓库 → 分配中心 → 存储

(b) 仓库 → 整合中心 → 存储

(c) 工厂 → 工业仓库 → 存储

(d) 工厂 → 仓库 → 分配中心 → 整合中心 → 存储

图 31　考虑的货运流范围

目前，场景（a）对于该行业的所有利益相关者来说是最常见的：工厂向制造商拥有的仓库交付货物，产品混合存储在那里，然后根据零售商（区域或全国）中心的订单挑选商品，由其负责为商店供货。这种情况代表了数据库中的大多数利益相关者，对应于大约 40% 的货运流。

场景（b）由利益相关者使用，这些利益相关者拥有最大的体量并通过定期将整辆卡车发送到每个客户配送中心来进行。因此，通过工业仓库和相关中转，成本被取消。同时，我们专注于最大制造商的数据库，这种情况占出货货运流的60%。该系统尤其适用于饮料行业。

场景（c）需要更大的体量，允许制造商直接向商店发货。这里没有考虑这种非常特殊的情况。

相比之下，场景（d）通过额外的协同操作，旨在优化运输工具的装载，以适应规模较小的利益相关者。这里也没有考虑这种同样特殊的情况。

表9显示了本书采用的场景（a）和场景（b）中考虑的货运流数量及其主要特征。所考虑的货运流对应连续12周的时间段，即几乎一个完整的季度的跨度。

表9　　　　　　　　　　考虑的货运流特征

超过12周的货运流	场景（a）		场景（b）
	工厂→仓库	仓库→配送中心	工厂→配送中心
货运流数（个）	251	1461	2738
订单数（个）	22730	37604	56710
平均装运尺寸（等效托盘）（米）	32.3	19.2	19.7
平均距离（公里）	444	441	511
总重量（吨）	443540	435149	999323
总交通量（吨/公里）	165930963	163419052	474459658

我们特别观察了场景（a）和场景（b）之间的差异，包括通过仓库的运输集中效应、货运流减少以及对工厂和仓库之间的填充率的

实物互联网：物流网络的网络

影响。流经上游流（从工厂到工业仓库）时，它们已按照行业惯例基于满载货车（模数负载和重量限制）进行重组。此外，考虑满载货车的上游流是一个保守的假设，不利于实物互联网的场景。

此外，我们注意到，通过仓库运输意味着真正的绕路，但它只涉及货物大约 1/3 的吨位。

总体而言，我们考虑了超过 250 万个等效的完整托盘；平均每周 214000 个等效的完整托盘。这些数量可能看起来非常高。然而，这相当于平均每天每个货运流 6.8 个托盘，约占法国货物货运流的 1%。因此，它既是一个相当大的货运流数据库，也是货物交通中非常小的一部分。如果将所有货物运输都考虑在内，就会产生巨大的规模效应。

为了说明我们关于站点的建议，图 32 显示了在"国家"级别考虑的所有站点，即工厂、仓库（工业）和配送中心（超市）。我们注意到绝大多数都位于国家领土上。

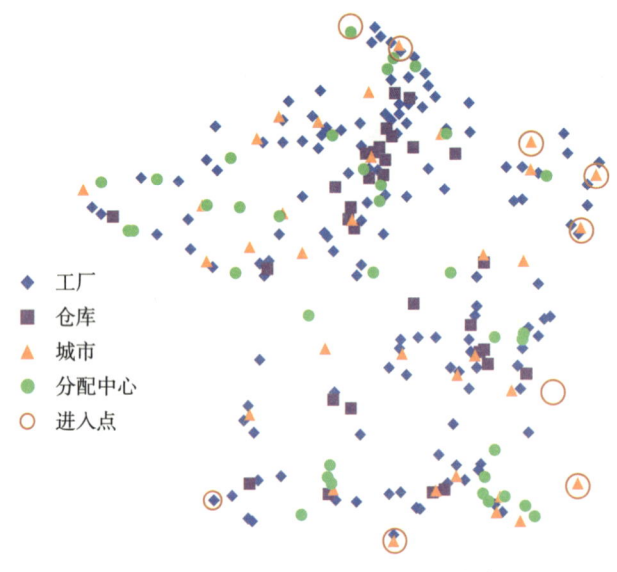

图 32　模型组件的位置（不包括商店）

快消品配送场景

我们的数据库按类别包括以下站点（见表10），适用于数据库中的所有供应商和商店。

表 10　　　　　　　　　考虑到的站点　　　　　　　　　　单位：个

站点类型	工厂	仓库	配送中心
数量	303	57	58

接下来是商店的配送流，我们研究了两个地区：法兰西岛和罗纳－阿尔卑斯大区（见表11）。显然，我们注意到销售点的密度和每个点的容积明显低于仓库和配送中心。

表 11　　　　　　　考虑到的本地货物货运流特征

站点	从配送中心到法兰西岛的商店	从配送中心到罗纳－阿尔卑斯大区的商店
商流数目（个）	832	2449
订单数（个）	11459	22447
等效全托盘的平均尺寸（米）	10.68	10.59
平均距离（公里）	130	184
重量（吨）	96601	185102
交通量（吨/公里）	10414300	40253655

为了说明我们关于站点的建议（见表12），图33以相同的比例显示了两个地区的所有销售点。我们注意到两者之间的巨大差异：一方面集中在巴黎周围，另一方面则为明显分散。

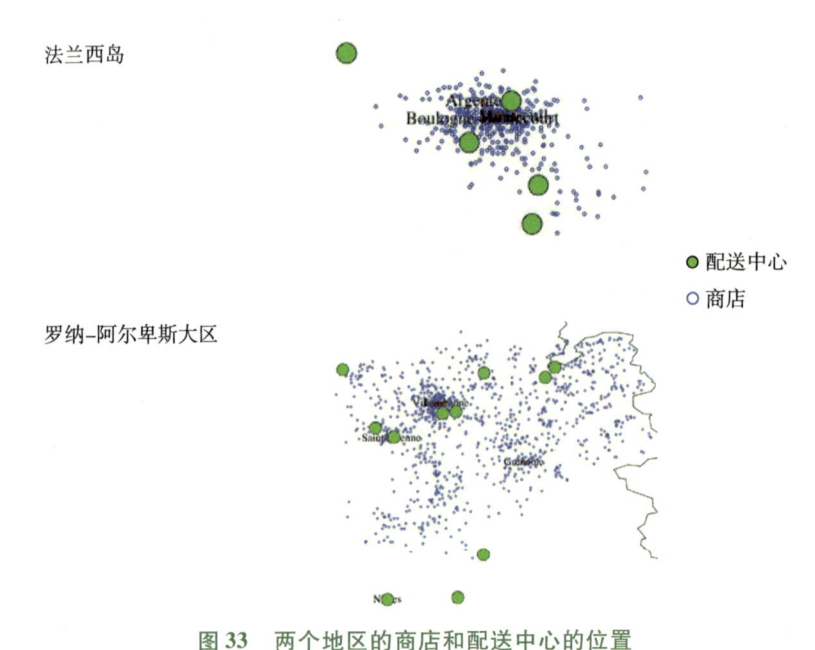

实物互联网：物流网络的网络

图 33　两个地区的商店和配送中心的位置

表 12　　　　　　　　　　考虑到的销售点　　　　　　　　　　单位：个

站点	店铺
法兰西岛	443
罗纳－阿尔卑斯大区	1216

　　这些本地数据显示，与上游相比，它们在更短的距离内具有更碎片化的体量。最后，这些货运流占上游货运流的 6%。

　　图 34 提供了一些物流服务的示例。每个都由其起点和终点之间的直线表示。这种表示虽然是局部的，但清楚表明了一些货运流在多大程度上是相似的，并且如果它们不是独立管理的话，可能被组合在一起。

快消品配送场景

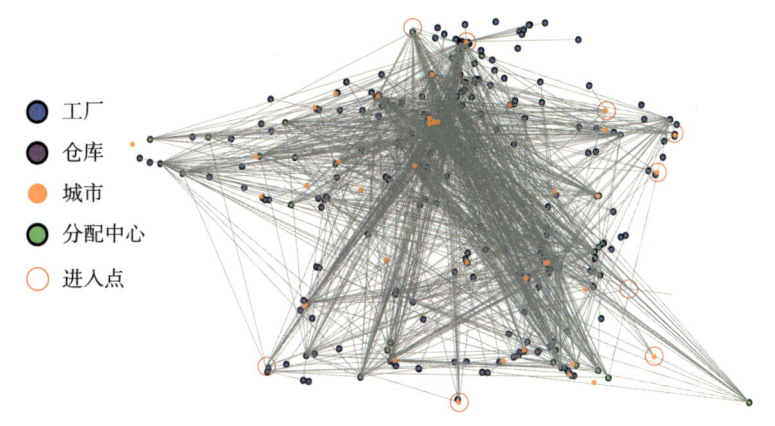

图 34　模型中站点之间的一些物流服务示意图（不含门店）

在图 35 中，本书对几千条货运流量进行了更全面的分析，结果表明这些货运流的集中度不到全国总流量的 1%。其中所有进口流量的统计均从主要边境口岸的入境点开始。

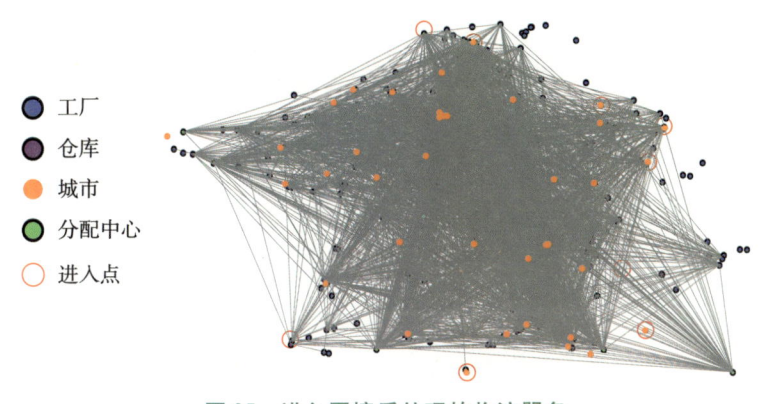

图 35　进入国境后处理的物流服务

目标是在这些相互关联的物流服务基础上构建一个网络，旨在限制绕行和缩短周转时间，同时努力实现物流的集中化管理。

109

定义互联的枢纽服务网络

要定义的网络通过枢纽将一组源节点（工厂、仓库和配送中心）连接到目的地（仓库、配送中心和商店），这些枢纽节点都位于公路和/或铁路节点上。枢纽既是转运中心，又是运输工具的始发站。每天，承运人离开枢纽，要么从源头收集容器，要么将它们运送到目的地，甚至通过另一个枢纽将它们带到越库中心。在所有这三种情况下，车辆都会返回其原始枢纽，因此，枢纽之间的距离被限制为可以在一天内往返。问题是如何通过公路和铁路基础设施网络将枢纽放置在连接图 36 中的点（不包括商店）上。

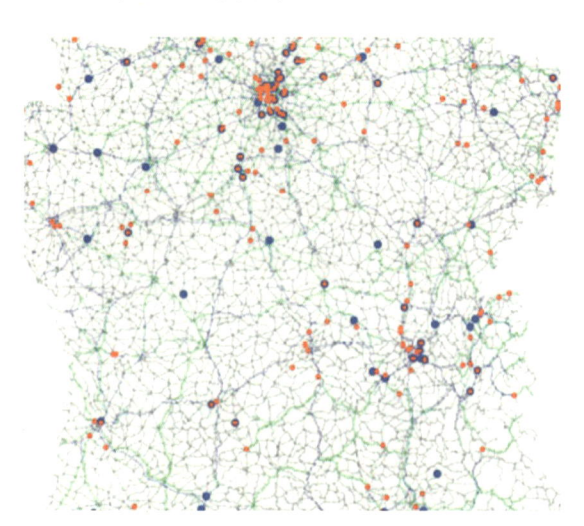

图36　红色为工厂和仓库位置，蓝色为配送中心位置，它们之间由公路和铁路基础设施连接

定义互联的枢纽服务网络

🔍 "模拟"实物互联网枢纽网络的发展路径

要模拟实物互联网的运行,必须了解该网络。该网络包含一组由交通线路连接的枢纽。最终,所有的源点都必须通过这个网络连接到所有的消费终端。

通过对多个利益相关者的物流网络流进行预测,我们可以识别出知名道路上的交通流量(见图37)。此外,我们注意到国际物流很少,因为我们主要处理的是食品(不包括新鲜农产品),其进口比例很小。在不使用相同货车的情况下,货运流集中在主要道路上是该方法的一个优点。

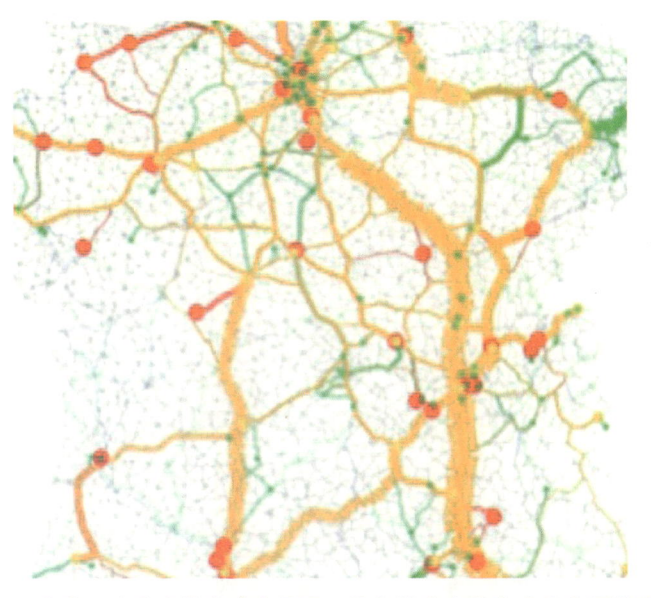

图37 由货运流产生的道路交通图,线条的宽度代表道路交通的强度

创建一个由所有部分组成的实物互联网来处理一组货运流，这是一种完全自相矛盾的做法。我们可以预测，推行实物互联网需要一步一步来。然而，由于这个网络尚不存在，我们不得不转向适合这种情况的优化过程；另见巴洛特等（Ballot et al.，2012）。

确定网络的过程是基于启发式的，据我们所知，目前尚未有解决此类大规模问题的确切方法。启发式方法，或词源上的"创造的艺术"，还提供了一个优势：即通过在看起来最相关的地方添加枢纽，调整它们的位置，或者相反，将它们从效率低下的地方移除，从而模仿一个渐进的发展过程，就像在一个更长的时间尺度内真实的发展过程。

然而，这种方法存在偏差。在这个算法中，实际上一切都发生了，就好像货运流是固定的，是网络在适应它们。实际上，这更多是一个具有相反时间尺度的联合决策过程（货运流变化快，枢纽和相关服务网络变化慢）。此外，我们假设基础设施和供需基础在整个网络优化过程中是稳定的。

在我们关注的场景中，我们作出了一个容易验证的假设：规模经济构成了网络的结构。这意味着当我们把货运流进行分组时，可以更好地利用运输工具或使用重型和更高效的车辆，从而提高效率。图38阐明了这一点。

这里采用的网络优化标准是能源。这一选择使我们能够克服不合时宜的价格变化，更有助于寻找可持续的环保解决方案。该函数可以用包含可变直接成本的传统经济函数或能源估值函数来替代。

要找到解决方案，可以先从影响较小的初始方案（一组放置在基础设施网络节点上的枢纽）开始。通过加强一系列开发和探索阶段获得的网络配置，来实现优化：

定义互联的枢纽服务网络

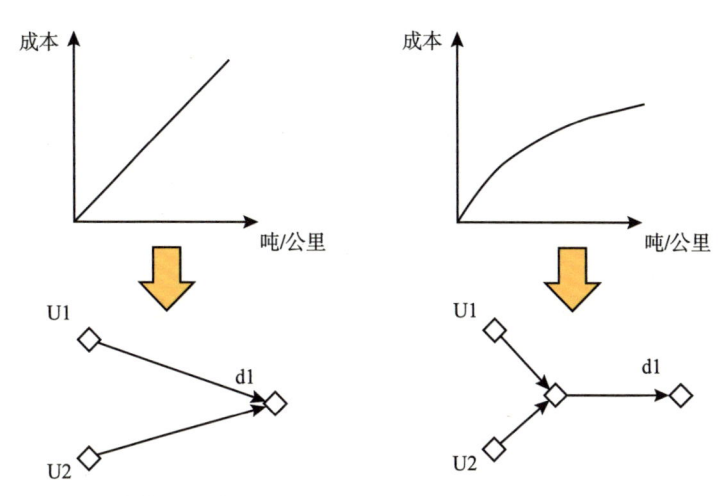

图 38　最佳网络的图示：运输成本与运输重量（左侧）成正比，并且它们受益于与填充或距离相关的规模效应（右侧）

○ 开发阶段旨在通过调整货运流的位置和分配到中转站来改善当前的配置；

○ 探索阶段用于打破网络配置以发现新配置，并通过去掉使用最少的中转站和拆分使用最多的中转站来从局部最优解出发。

为了确保一定程度的汇聚，开发阶段多于探索阶段，以便优化解决方案而不是破坏解决方案。图 39 中的插图表明了优化工作，目的是从仅由源头（圆形）和目的地（棱形）组成的网络移动到包含枢纽（正方形）的实物互联网；另见巴洛特等（2012）。

该网络的优化旨在在所有场所（工厂、仓库和配送中心）之间创建网状结构。

已为法国确定了两个国家网络。第一个网络仅使用道路，第二个则利用了道路和铁路。第二个网络由 47 个枢纽组成，其中 17 个有铁路连接。可以将其用于具有或没有铁路网络的情况下进行比较，因为所有铁路连接均通过道路连接进行复制。

113

实物互联网：物流网络的网络

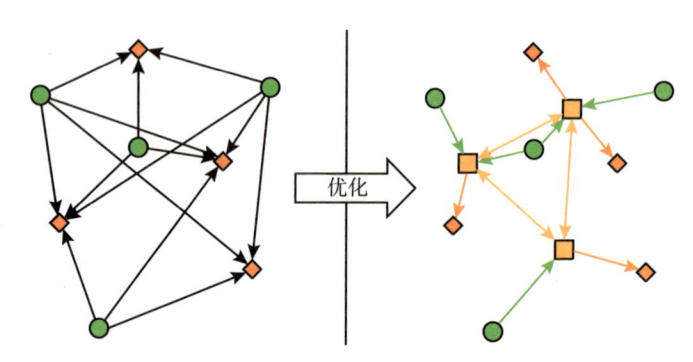

图 39 网络建设，正方形为枢纽，圆形为源头，棱形为目的地

在图 40 中，铁路车道用黑色直线表示，以区分连接枢纽（黄色）的道路（黄色直线）。工厂和仓库以及通往它们的道路均为红色，配送中心和商店以及通往它们的道路则用蓝色表示。

图 40 为连接数据库中的站点（不包括销售点）而优化的实物互联网网络

定义互联的枢纽服务网络

当然，我们注意到，与所有服务独立的初始情况相比，所得到的网格既反映了领土上该领域的活动密度，也反映了服务网络的大幅简化。

同样的优化程序也适用于各区域，结果如图 41 所示。我们可以看到两个区域内为两家连锁超市的店铺提供服务的物流网络密度。

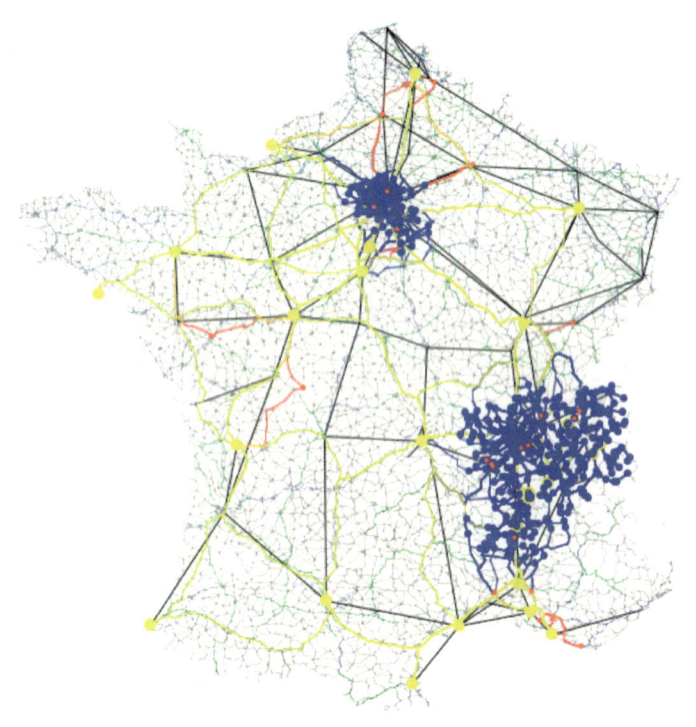

图 41 为连接数据库中的销售点而优化的实物互联网枢纽网络
（网络部分概览）

此处再次显著简化了网络。然而，与直接运送货物的专用网络相比，每批货物将由一个或多个容器组成，且必须在这个新的服务网络中找到一条路径。

通过初始协议来模拟实物互联网中的货运流

一旦给出了网络和站点的需求（即他们的订单），就有必要定义物流协议和代理人的决策算法，来激活模拟，然后计算和评估结果。

在第一阶段，仿真模型被用来复制当前物流服务网络的运作，这将在下文进行描述。实物互联网的运行将被分为三个步骤进行建模，我们对每个步骤进行了描述：货物的容器化、最佳路径的确定，以及通过枢纽的运输优化。然而，需要注意的是，在这个最初的实验方法中，没有考虑车辆（空行程、车队管理等）的重新定位。基本假设是，这不会改善实物互联网的结果。相反，在实物互联网模型中的枢纽处找到回程装载，肯定比当前模型中的特定服务更容易。感兴趣的读者可以在以下文献中找到详细信息（Sarraj et al., 2014）。

当前操作：参考场景

当前操作的模型相对简单，因为我们的订单已经用欧洲尺寸的标准完整托盘表示，并且每个系列的产品重量也是已知的。此信息对于液体产品特别重要，与大多数其他产品不同，液体在重量方面可能会使卡车满载。

订单将先按照运输地点逐日进行分组，然后再按目的地进行分组，以便最好地满足运输工具的需要。每当需要在当天发货时，都需要使用特定的道路和运输工具。对于小批量货物来说，使用一辆车可能显得有些夸张，但在这里，我们处理的是来自该行业最大利益相关者的订单，这是他们首选的运营模式。

对于每个生成的行程，都会记录出发日期和时间、装载情况、行驶距离等信息。随后，根据所选的道路和现行法规，使用上述信息来计算所需的性能指标：速度和驾驶时间限制。我们还注意到，长途旅行中单个司机过夜的可能性。

再现当前操作，提供了可用于验证模拟模型的结果，并为与实物互联网的操作进行比较提供了基础。这些结果将与其他结果一起呈现。

容器标准化

为了模拟实物互联网的运作，日复一日，在每个运输站点，订单必须先像以前那样按目的地分组，然后再装入容器。容器在整个订单交付过程中都保存在实物互联网中。请记住，服务提供商负责处理集装箱，除个别情况外，不会打开集装箱。这相当于数字互联网中的数据报（数据包）。然而，与数字互联网不同，实物互联网必须处理不同尺寸的产品，因此我们建议测试不同大小的容器。

在我们的案例中，由于目标是模拟全国供应系统，因此我们首先只考虑内部横截面2.4米×2.4米和不同长度的容器（见表13）。

实物互联网：物流网络的网络

表 13　　　　　　　　　标准长度为 20 英尺的容器比较

名称	标准 TEU	PI 测试	9'6"高立方体
长×高（米）	2.33 × 2.38	2.4 × 2.4	2.33 × 2.89
净体积（立方米）	32.75	34.56	39.85

　　所有整合的产品都很容易放入容器中。因此，我们认为容器的内部容积可以完全利用，我们不考虑额外的差异因素。

　　容器化的目的，还在于允许测试大尺寸类别中不同种类的容器。

　　但是，提出不同种类的想法也满足我们对容器多样性价值的期望，并得到可能的折中方案。第一个系列的大型容器提出了六种模块化尺寸。该系列可实现多种填充轨道车或卡车的组合。第二种只提出一个长度，最短的。这是一个研究小批量出货逻辑的极致案例。第三种模仿运输容器尺寸（托盘宽）的使用，以评估当前尺寸的价值和额外多样性的附加值（见表 14）。

表 14　　　　　　　　　测试的容器范围　　　　　　　　　单位：米

种类	尺寸
1	2.4 × 2.4 × {1.2, 2.4, 3.6, 4.8, 6.0 & 12.0}
2	2.4 × 2.4 × 1.2
3	2.4 × 2.4 × {6.0 & 12.0}

　　对于给定种类的容器，容器化的困难在于，每个订单的所有产品都能填满每个容器（或多个容器）。这个问题与运筹学的一个经典问题有关——背包问题。这个问题及其多种变体在克勒雷尔等（Kellerer et al.，2004）所著书中有所描述。

为了确定每个订单使用哪个容器（原产地、最终目的地和装运日期），采用的标准是容器数量最少，从而使订单的填充率最大化。已采用此标准以最大限度地减少所需的处理量，从而减少其成本。例如，如果订单占用相当于 12 米长容器的 45%，并且有 12 米、6 米和 3 米长的容器可用，解决方案是使用 6 米长的容器，而不是 12 米或两个 3 米。我们在这一阶段假设容器在所有允许的模块化尺寸中始终可用。

容器尺寸对产品尺寸及其包装的适用性的问题是一个非常广泛的主题，我们将在重点研究领域的部分回到这个话题。

容器的路由协议

在 IT 网络领域，协议是众所周知的。路由协议指定网络的组件如何通信以了解网络的状态，以及它们如何使用这些知识来选择网络中两个节点之间的路径。路径是根据使用"成本"或"距离"函数的路由算法选择的（Komer，2006）。

根据所选择的网络类型和操作策略，路由协议种类繁多。协议的目的是在从工厂到商店的网络节点之间找到物流服务的最佳组合，以便容器根据其优先级（最短交货时间、最低成本、最低环境影响等）到达目的地。

数字互联网的路由协议是根据 IT 网络的特定属性构建的，需要了解这些特性才能设计适合物流运营的路由协议。实际上，这些网络之间存在许多本质差异。特别是对于 IT 网络，地理距离并不重要，网络状态的变化可能比更新能力更快，（信息）物品传输通常被认为没有价值，因此可以在需要时丢弃和重新创建！显然不能在此方案中完全复制 IT 网络的解决方案，以免出现重大失误。

在物流环境中，这个问题与 IT 既相似又明显不同。物流网络也有不规则的货运流，但与数字互联网不同的是分支能力，换句话说，连接具有灵活性。例如，可以从一条路径中撤出货车，将它们分配给另一条路径，甚至可以订购额外的车辆。因此，它不像管道那样是一个具有最大流量的固定网络。在实物互联网中，运力的使用总是有很大的边际成本，人们会追求容量的名义使用，尤其是对运输工具而言。这是第一个关键区别。

第二个区别是预测的可能性，因为网络状态信息的流通速度要比物理流量快得多。

第三个根本区别是内容和服务的多样性更加明显。即使容器的目的是隐藏内容物的性质（液体、固体散装、易碎、受控温度等），但事实上，网络协议需要管理交货时间、到达时间等方面高度可变的要求。

在实物互联网路由算法的框架内，我们对以下特性进行了研究：

○ 动态考虑体积和运输或分类供应波动的能力；

○ 分散式架构，例如维护网络中每个节点的路由表，以考虑网络状态和其入口处的货运流预测；

○ 在"连接状态"中使用算法，这种算法会占用更多内存，因为它们会存储一组"更好"的路径，从而可以根据每个容器的优先级来选择替代路径；

○ 构建适合覆盖距离、处理和资源饱和度的度量标准，特别是在运输方面；

○ 如果容器被延迟或网络状态发生变化，还能对优先级或路径提出疑问。

这里定义的路由是被动性的。换句话说，每次需要将一个容器从一个地方运送到另一个地方时都会计算路径。

容器我们考虑了两种替代方法。第一种，计算并保留到最终目的地的完整路径（在 IT 中也称为连接模式），并预留必要的运力。第二种更分散，只在下一个路由段上作出决定，没有连接，因此没有为更多段预订运力，这不能保证端到端交付。在我们的研究框架内，这两种方法都得到了开发和测试，并取得了不相上下的结果。然而，现在决定支持其中一种解决方案还为时过早。在其余实验中，我们决定支持端到端计算，然后逐个节点重新定义最佳交付条件，相当于动态质疑初始路径。

此外，与数字互联网不同，托运人可以为每个容器分配路线目标，这意味着一个容器可能将成本最小化作为其路由目标，而其邻居可能以最小排放量或交货时间为目标，甚至是多个级别的优先级（例如首先遵守交付窗口，然后最小化诱导成本和最后的诱导排放量）。因此，在枢纽和运输工具上混合了各种不同的容器化货运流。实际上，目前最大的问题是维持专家网络今天提出的丰富的物流服务，而不是将所有服务都集中在一层上。

在实物互联网容器的路由目标中，我们设想但不限于考虑以下标准。

○ 成本：这是最重要的标准之一。它不仅包括运输成本，还包括通过枢纽转运的成本和相关的处理成本。

○ 时间：平均或最坏情况下的最长交货时间，满足目标交付时间或目标交货时间窗口的概率，只是指定时间标准的一些可能性。在网络的所有部分都计算了时间,包括运输和装卸时间,以及离开枢纽之前的等待时间等。

○ 环境:此处以二氧化碳排放量衡量,这是一个需要在未来发展的新标准。这一标准尤为重要,因为不同的运输工具在这方面的性能差异非常大。在这项早期研究中,只考虑了运输业务的排放量。

这些标准用于定义适合每个人需求的大量服务。在第一次模拟的范围内,我们专注于单一标准实验以突出路由差异,例如,对比最低成本、交货时间和排放量。

在此,我们提出了一种初始交通算法,该算法将通过枢纽的路线和交通分组以进行模拟。因此,它不是最终确定的算法,而是一个已经有了有趣结果的基本解决方案。

对于这种运输算法,我们假设货物是由托运人异步进行的,彼此不协调,并且有可能几乎实时地获取网络状态信息。

容器运输协议基于两个步骤:找到最佳路径,即根据要求的标准到达目的地的最佳物流服务组合,然后在每个节点与其他容器分组。这两个步骤本质上是相互依存的。例如,如果在枢纽出现先验选择的路径,最终在兼容的交付期内没有当前出发或装载不足,则可以将容器转移到另一条路径,即另一种物流服务。

图 42 给出了该算法的一般逻辑,其中显示了两个步骤交织在一起。

在给出结果之前,我们在下面介绍容器运输算法的两个主要步骤的关键思想,即路由和中转优化。

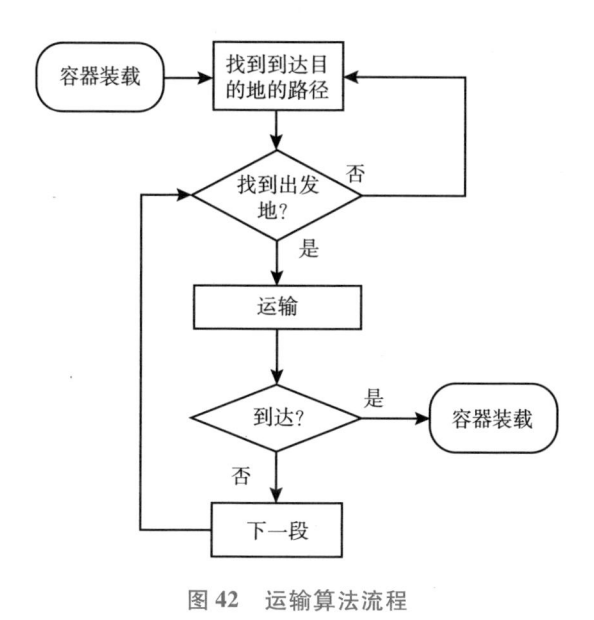

通过初始协议来模拟实物互联网中的货运流

图 42 运输算法流程

🔍 路由：找到最佳路线

路由算法的第一步是确定到达最终目的地的最佳"路径"。该算法在容器装载后进行启用以确定初始"路径"，但如果预先定义的行程不再与分配的目标兼容，也可以在必要时沿着容器的路径应用。

这里考虑的网络不再是法国整个公路和铁路基础设施网络，而是网络优化程序选择的物流服务网络。因此，找到最佳路径实际上就是在可能的服务网格中选择最佳组合，以满足容器的指定目标（更快等）。

这个问题其实就是图上经典的"最短"路径问题，其中节点是枢纽，节点间的链路是运输服务。这里的"短"是相对于分配给每个运输服务的权重来说的：成本、时间、排放量或这些的任意组合（此外，同样适用于通过枢纽的每次运输）。有一个非常著名的算法可以找到这条最短路径：迪克斯特拉算法（Dijkstra, 1971）。然而，该算法在模拟中的编码和实现相对复杂，这就是我们决定使用 A*算法来确定最佳路径的原因。该算法既简单又快速，还可以提供最优解或近似解（Dechter & Pearl, 1985）。在我们的案例中，我们正在系统地寻找最佳路径。

通过枢纽转运和出港优化

在除目的地之外的每个节点（起点或枢纽），容器位于与到达直接连接节点的服务一样多的等待线上。对于每个等待线，必须选择最好的容器以填充可用的运输工具，并满足容器的优先级。

这又是一个"背包问题"（Kellerer et al., 2004）。每一种到达的运输工具都代表一个运力有限的背包，每个容器都可能消耗一部分运力。这以体积和重量表示。容器也有一定的"价值"。这取决于它的大小和优先级。因此，当达到价值阈值时，就可以租用车辆，并在模拟中实现运输服务。如果需要几辆车，则重复该过程。如果要运输的体积太小，无法在必要的交付期内出发，则重新确定路径。例如，如果是火车，则货运流会切换到公路。对于公路运输，如果找不到替代方案，即使不是满载，车辆最终也会离开（见图43）。有关算法的详细信息，请参阅萨拉杰（Sarraj, 2013）。

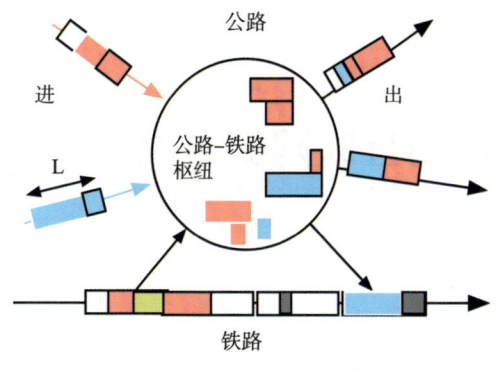

图 43　公路/铁路枢纽运营流程

可以设想许多改进：预测交通量、为常规服务预留的运力、根据发出的通知的可变成本、遵守或多或少精确的交付窗口等。这些都是后续工作的主题。

该算法永久应用于每个枢纽，确定填充量和出发地选择。在模拟过程中，该程序不断重复，直至需求耗尽。在确定所有这些细节并将其编入模拟工具后，剩下的工作就是确定情景并分析其结果。

逐步推演实物互联网的潜力

🔍 模型验证

如上所述，用于此模拟实验的数据，来自两家全国零售商的供应链，并在Déméter俱乐部物流工作组的框架内收集。在本书中讨论的零售配送汇集之前，我们在该工作组的框架内对数据进行了验证（Pan，2010）。

验证标准是所呈现的货运流特征以及指标，其中最重要的是道路车辆的填充率。

特别是，我们发现按重量计的填充率为59%，按体积计为45%。作为比较，麦金农对食品供应链的参考研究（McKinnon，2000；McKinnon et al.，2003）发现，重量和地面的填充率分别为53%和69%。目前，按体积计算的占用率还不能作为比较的依据，因为它尚未受到官方统计数据的监测，也未在上述研究中进行测量。

如果参考欧洲数据，我们会注意到，法国半挂车运输重量的平均填充率约为50%（European Commission，2007），但每年都有一些变化（McKinnon，2010）。

我们可以认为，该数据库所代表的供应链优于平均水平，因此是一个较高的比较基础。此外，由于在模拟中没有对车队进行管理，我们无法提供空载的相关详细信息。然而，必须指出的是，实物互联网的优化是建立在追求平衡货运流的基础上的，因此要尽量减少空载次数。因此，我们将不讨论这一点，因为我们认为所采用的运营模式不会对空载运输产生不利影响。

场景

场景 0 是参考场景，再现了当前的运行情况。

场景 1 保留了当前供应链基础设施的大部分要素。因此，仓库和配送中心仍然分配给目前运营它们的特定公司。这里的实物互联网似乎是一个开放但单一模式的运输系统。简而言之，我们可以说容器化将卡车变成了一种公共运输工具。对供应链的影响如图 44 所示。

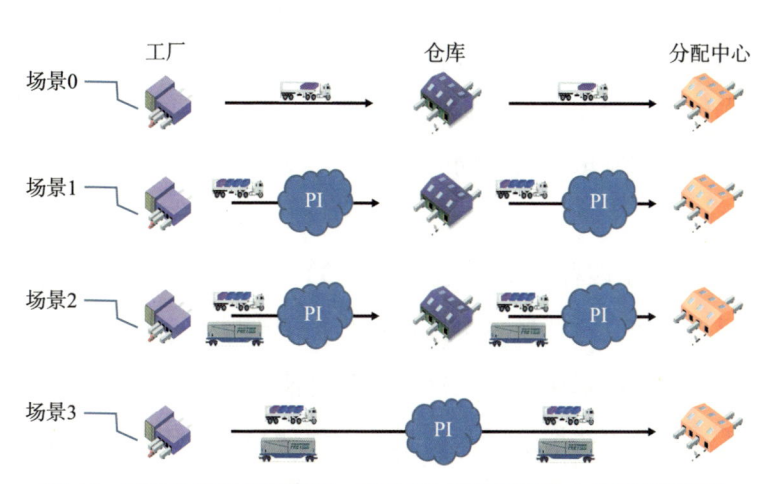

图 44 拟议的推出场景图示，其中 PI 指的是通过实物互联网运输

容器化的主要优势之一是，它促进了多式联运。因此，场景2研究了与路由算法相关的容器化如何集中分散的货运流，并在完整的火车负载框架内重新引入更重的运输工具，例如铁路。由于演示涉及一个部门的部分货运流，因此决定不填满由26~28节车厢组成的火车（代表法国的一列完整火车负载），而是在每个站点仅装满6节车厢。这种方法遵循线路运营的逻辑，其中运输工具在每个站点都被部分卸载和重新装载。此外，请注意，这个看似限制性的假设实际上是保守的。这里处理的数据约占该部门食品货运流的14%（不包括新鲜农产品）。如果我们希望有一个有代表性的填充率，那将是4节车厢，如果火车用于所有产品系列、所有供应商、多个部门和多个站点，则车厢更少。这种情况可以对比成本、交货时间和排放路由标准。如果要实施，通过将很大一部分货运流转回铁路，这种情况将与目前的做法背道而驰。

场景3还引入了另一个额外的变化，这次是挑战一部分传统供应链的结构。事实上，仓库在将货物运往配送中心之前起到了整合货物流的作用。实物互联网带来的移动性允许直接从每个工厂下较小的订单，而无须经过仓库的整合阶段。因此，与参考方案相比，这种方案可以处理更多的零散货流，同时避免了1/3的货流绕道枢纽送达网络终端。

图44总结了四种拟议的情景（0~3），范围从当前情况到对供应链结构提出挑战。这些场景可以进一步扩展到其他用途，例如用配备存储的枢纽代替配送中心。但这些只是可能性。

此后，我们先按场景展示结果，以便使用第1组中的容器（即6种不同大小的容器）来衡量实物互联网的影响。

然后，我们介绍了路由标准的影响，以及每个场景的容器大小集的影响。这两个互补的结果提供了对这些实物互联网设计参数的敏感性分析。

🔍 实物互联网对关键绩效指标的影响

为演示选择的一系列指标不是唯一的,但它反映了当前运输,或要为实物互联网清除的风险的关键指标的选择,例如,交货时间或通过枢纽的次数。

▊ 填充率

官方统计中使用的第一个指标,是运输工具(货车或火车)的填充率。这里它按重量细分,但也可以按体积细分,因为根据产品的不同,可以通过这两种装载标准中的一种达到饱和状态。对于液体容器尤其如此,当不与其他产品的容器混合时,它们的重量而不是体积就会达到饱和。

如图 45 所示,尽管有几个细节不尽如人意,但所获得的结果表明,填充率显著增加了 7%～15%,与方案 0 相比,提高了 17%～33%:

○ 高效的供应链,从工厂运送到仓库时,1/3 的货运流是用卡车运输的;

○ 订单未根据容器尺寸进行调整;

○ 在场景 2 和场景 3 中使用更重的轨道车辆,更难填满;

○ 在场景 3 中,当不再通过仓库中转时,流动更加分散。在这种场景中,来自配送中心的订单由工厂直接填补。

实物互联网：物流网络的网络

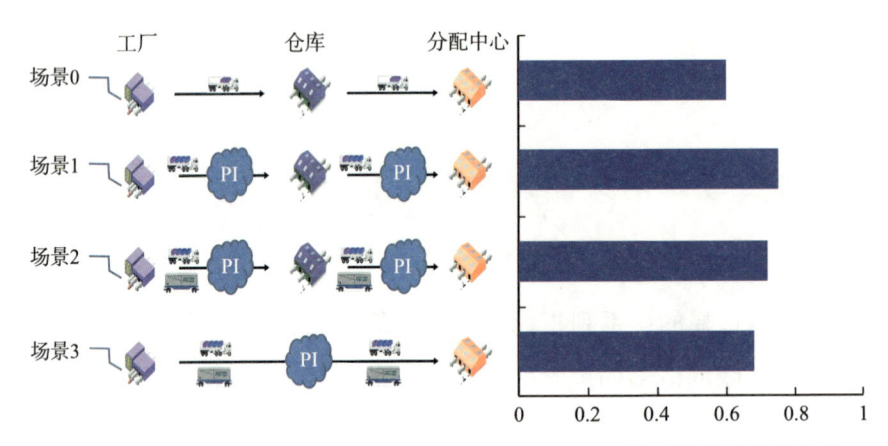

图45　根据当前场景（0）和实物互联网场景（1～3）按重量划分的填充率

因此，向实物互联网的转变将为运输工具的使用带来飞跃进步，即使与运输量很小的所有货物运输量相比。

各枢纽的中转次数

对于实物互联网的发展，我们可能会有的担忧之一是，它需要通过大量的枢纽进行中转运输，在成本和准备时间方面会影响效率。

我们注意到，平均通过两个枢纽的交通，在包括铁路在内的情况下增加到三个。但是，需要注意的是，在场景3中，我们避免了经由仓库的转运，这可以被视为等同于经由一个装卸枢纽的转运。

因此，如图46所示，即使在受限版本中并且在铁路交汇处没有站点的情况下，切换到实物互联网也不会导致卸载/装载操作的激增。平均而言，每批货物增加1.3次额外的卸载/装载操作，将会导致成本和交货时间的增加，尽管它们的执行效率更高，因此也更经济。在这种情况下，铁路运输更好。最后，通过系统地整合产品的最终配送可以获得额外的好处。

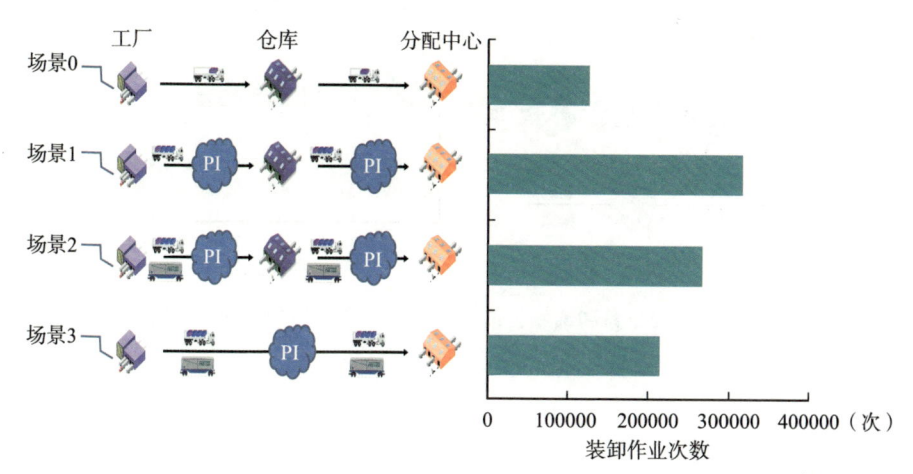

图46 场景0与实物互联网场景（枢纽、仓库、配送中心）的装卸作业次数对比

■ 交付时间

就从工厂到仓库或配送中心，或从仓库到配送中心所需的运输时间而言，除了场景3外，我们观察到，实物互联网中平均时间要长2~4小时。对于实物互联网，此交付期还包括通过枢纽的时间（卸载、分拣、等待和重新装载到新运输工具上所需的时间）。

如图47所示，尽管卡车在途中的休息时间较少，但由于枢纽的快速转运，实物互联网提出的准备时间似乎要长几个小时。然而，必须考虑到以下方面：一方面订单交付期更长了，另一方面库存之间的交付期也更长了，这使得交付期大约有一小时的变化。具体来说，货物几乎总能在24小时内交付。

实物互联网：物流网络的网络

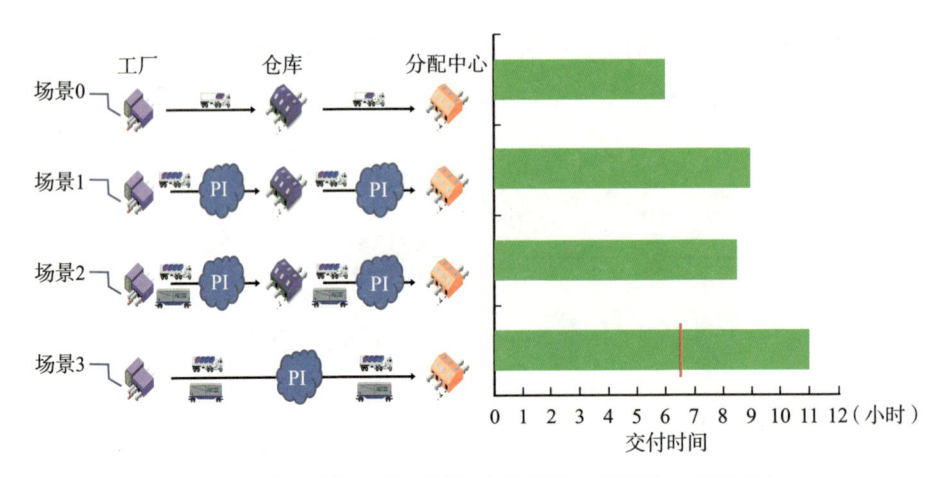

图 47 当前场景和实物互联网之间运输交付期的小时数比较

注：场景 3 延长了几个小时，但由于它直接将工厂连接到配送中心，因此将总交货时间缩短了几天。

同样在这里，我们也必须将第 3 个场景单独考虑，因为它比其他场景多 5 个小时，至少应该将其与两个运输阶段（仓库上下游）进行比较，即 12 小时的交货时间，其中不包括仓库中的存储时间。因此，总体而言，场景 3 通过直接连接工厂和配送中心，提供比其他方案更短的交货时间。如下文所述，它还大大减少了库存。

■ 二氧化碳排放量

如图 48 所示，最引人注目的是排放量。事实上，尽管通过枢纽中转的里程增加了，但由于装载率相对提高了近 20%，我们注意到排放量显著减少（包括公路车辆运输的情况）。

在环境方面，实物互联网能够利用低温室气体排放的重型运输工具，例如火车、沿海船只或河流驳船。这样实物互联网提出了一种更

132

逐步推演实物互联网的潜力

有潜力且满足交通减排的组织形式,并达成到 2050 年减排约 60% 的目标(欧盟委员会,2011)。

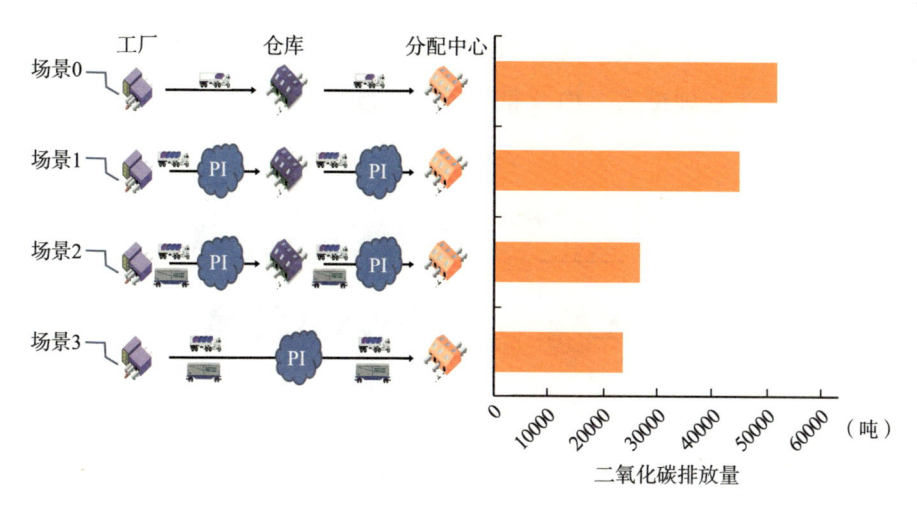

图 48　当前情景与实物互联网中的二氧化碳排放量对比

基础设施的使用

更好地填充运输工具和避免经过中央存储点进行直接行程的优点之一是不仅可以减少排放,还可以减少基础设施的使用,特别是公路和高速公路。图 49 总结了我们在这方面的实验结果。最初,尽管在供应链的相同站点之间通过枢纽转运绕了弯路,卡车覆盖的里程数实际上保持不变。可以说,填充率的提升弥补了绕行带来的损失。该模拟并没有考虑车队管理,因此也没有反映出实体互联网带来的互联运输必然会减少空车回程的情况。

图 49 显示,如果提供铁路替代方案,公路和铁路车辆覆盖的里程数将减少 60% 以上。事实上,通过整合所实现的货运流,实物互联

实物互联网：物流网络的网络

网等系统使容器能够通过铁路运输而不是公路运输。在情景 2 和情景 3 中，几乎一半的交通量（吨/公里）使用直达线路的铁路运输。当然，模拟假设这种铁路运输在模拟的网络中是每天都有的直达运输，但现在的情况并不一定如此。因此，实现这些目标，需要发展重型运输工具和相关基础设施，但这是另一个话题了。

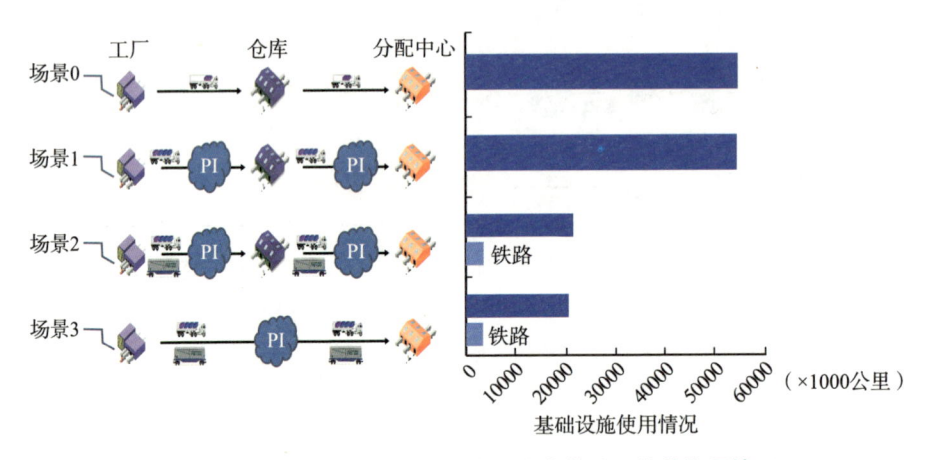

图 49 与实物互联网相比，当前物流中基础设施的使用情况

在城市中心，优势会更明显，不过在此我们模拟这种情况。

■ 库存

尽管实现模型的重点是运输和装卸，但我们仍试图分析各种方案对仓储成本的影响。在进行分析时，我们对库存差异进行了估价，但仍采用传统的库存管理政策，而不是像实物互联网所设想的那样，在整个区域内进行真正的动态库存分配。平均而言，库存由一半的交货批次组成，并根据需求的变化增加缓冲库存。因此，批量大小由订单

逐步推演实物互联网的潜力

决定，缓冲库存则由需求变化分析决定。

我们采用了缓冲库存模型，每个供应周期都有98%的不短缺概率。

如图50所示，除了场景3外，向制造商发出的订单不存在问题，因此场景0、场景1和场景2的库存相同。但是，场景3通过从配送中心直接向工厂订购，并在工厂和配送中心之间重新分配库存（批次和缓冲），消除了中央仓库的库存，最终减少40%的库存。

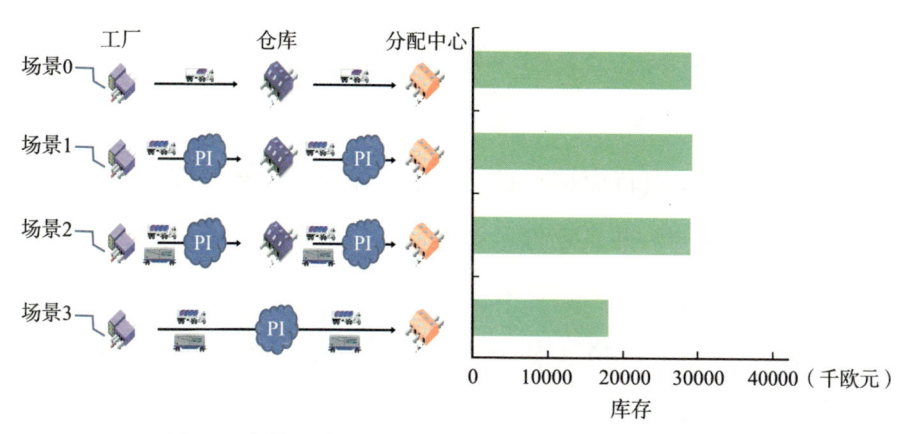

图50 当前3种实物互联网场景下对中央仓存量的影响

在这一领域仍有许多优点有待挖掘，特别是通过修改批量大小，因为当前基于数量的定价规模有利于整车和大量库存集中到有利于较小容器运输的计划，从而在实物互联网中实现更动态的库存分配。

■ 物流成本

关于成本，图51显示所有实物互联网场景在货物流动性方面都具有巨大优势。

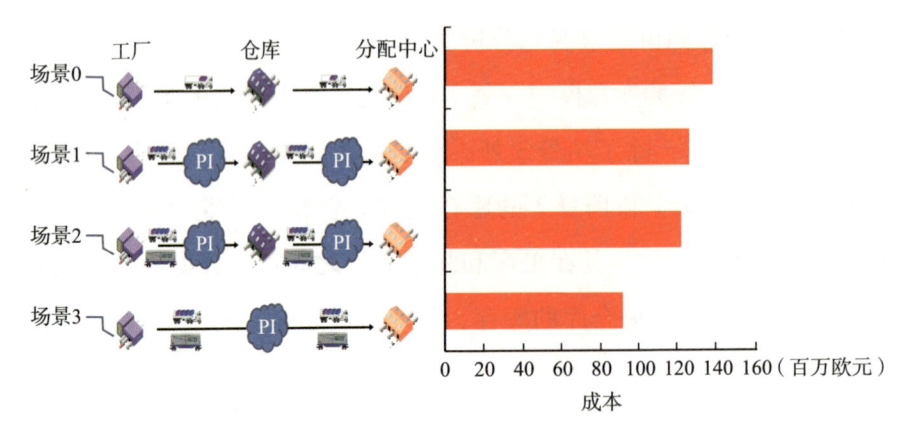

图 51　当前物流与实物互联网分场景的成本对比（包括仓储成本）

由于经济评估有待商榷，我们采取了保守的立场，即假设所有情况下的成本都相同，并且定价尽可能基于当今容器的做法。

考虑以下因素：

○ 公路运输的价格（基于一辆铰接式卡车的分配，并按里程计价）；

○ 铁路运输价格（基于满载列车和里程的价格等级）；

○ 一个容器的运输成本（卸载、回收和重新装载）；

○ 更换拖车的成本（当一组容器的目的地相同，并位于下一个枢纽之外时，该成本适用，在这种情况下，路由协议需要在枢纽处简单地改变牵引，而无须卸载）；

○ 托盘和容器在存储时进出库的成本（这是装卸和管理成本，不包括存储成本）；

○ 与容器融资相关的成本（这是运输交付期的长期租金，加上 48 小时）；

○ 仓储成本（基于存储产品的价值和库存融资利率）。

图 51 中显示的十二周期间的成本值仅供参考，显示收益率在 10%~35% 之间。在不影响总体结论的情况下，仍可能对利润率作出修改。

经济和环境结果表明，这两个领域都可能同时获得显著收益。广义上，由于更有效的资源，运输效率的提高不仅有利于环境保护，而且补偿了所需的卸载/重新装载的成本。

最后，我们不能忽视，在运输以及物流服务商的战略或经济模型方面，实物互联网可能引起的重大变化。因此，这种经济方面的评估只提供了一个初步的考量，以证明实物互联网的潜力。

一系列容器的优势

与实物互联网设计相关的一个问题是，是否需要一系列大小不同的模块化容器。作为对额外管理复杂性的补偿，这是否真地会有更大的优势，例如在填充率方面？

为探讨这个问题，场景 2 以不同的可用大小，重演了几次。测试了多个尺寸范围，本书描述了其中三个。为便于阅读，表 15 中提供了这些尺寸范围。

表 15　　　　　　　测试容器的尺寸范围　　　　　单位：米

种类	尺寸
1	2.4 × 2.4 × {1.2, 2.4, 3.6, 4.8, 6.0 & 12.0}
2	2.4 × 2.4 × 1.2
3	2.4 × 2.4 × {6.0 & 12.0}

实物互联网：物流网络的网络

第一个范围包括 6 个尺寸，第二个范围包括 1 个尺寸（最小的），第三个范围包括类似于 2 个运输容器大小的 2 个尺寸。这三个范围在图 52 中分别以绿色、红色和蓝色表示。

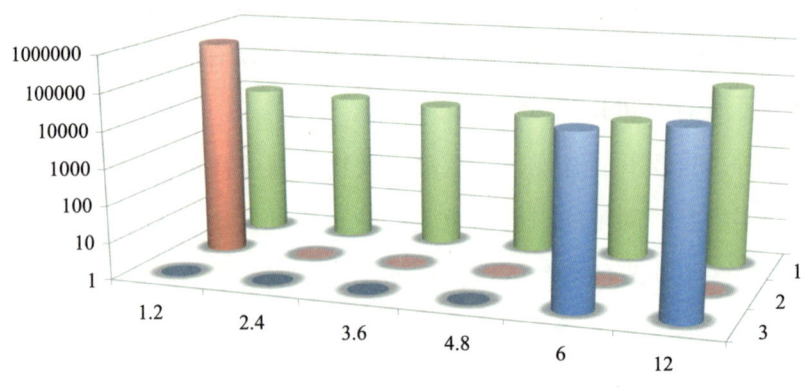

图 52　按尺寸和 3 种变量模拟的容器数量——对数尺度

第一个结果如图 52 所示，涉及最大尺寸的大部分容器，即 12 米长。这可以用两个因素来解释。一方面，几乎 1/3 的订单量都装在满载的货车中，因此自然会使用最大的容器。另一方面，鉴于零售业的运营模式，尤其是基于数量的价格尺度，利益相关者的目的是希望尽可能用整车送货。

表 16 中显示的其他结果表明，当前提供的 6 米或 12 米容器无法带来显著收益。填充系数几乎没有改善，因为它允许相当少的汇集和很难适应当前订单。尽管填充率提高了，成本却保持不变。

表 16　　　　　　　测试的容器尺寸范围

容器种类	重量饱和（%）	枢纽转运	交付期	总二氧化碳	运输成本（千欧元）
1	76	2.25	8：54	45599	80223
2	76	2.22	10：00	45545	89279
3	71	2.24	6：37	47476	81838

大容器尺寸和产品不够多样性，即使它们不是唯一起作用的因素，也解释了为何大家目前对这些不感兴趣。

增加多种尺寸的容器可以进一步提高填充率，最重要的是可以更好地集中装载，使得二氧化碳排放量减少约15%。考虑到与所需的额外装卸工作相关的高额超额成本，特别是考虑到大多数大订单结构和实验中假设使用的与尺寸无关的装卸成本，因此纯粹用于运输的小容器仍然没有什么实际意义。

图53中以雷达图显示的结果，揭示了容器范围选择的敏感性，特别是在1.2米～12米的完整范围和最短限制之间。后者自然成本更高，需要更多装卸处理，但它们也允许减少订货量，从而减少固定库存。由于集装箱尺寸对固定和储存成本的影响很大，现阶段还没有考虑到这一因素，因此就此问题下结论还为时过早。此外，可以肯定的是，提供这些容器会改变需求的表达方式，尤其是基于数量的价格等级。

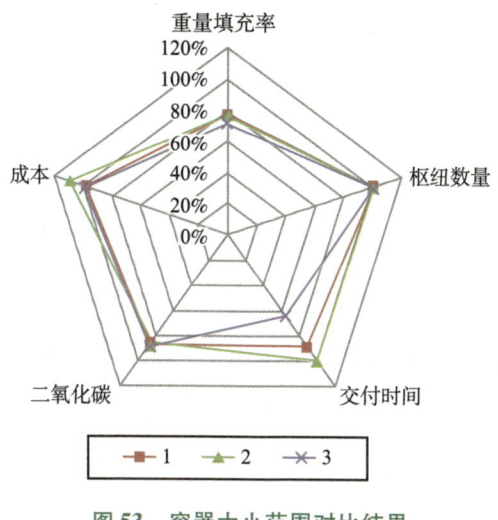

图53 容器大小范围对比结果

实物互联网：物流网络的网络

即使在关注运输范围并且只检查一个尺寸类别时，我们也测量了实物互联网的性能对所拟议的标准容器的敏感性，因此必须谨慎定义。

路径标准的影响

为了解路由标准对性能的影响，我们模拟了场景 2 的 3 种变量。在每一个变量中，所有容器都采用一个单一标准：最低成本、最短交货时间或最小排放量。这些标准将影响路径以及服务的选择，最终影响枢纽的分组能力。

表 17 证实了最低的物流成本对应于路线寻求成本最小化的情景。二氧化碳排放量和交货时间亦如此。

表 17　　　　　　　　　　测试的路由标准变量

变量	重量饱和（%）	枢纽传输	交付期	二氧化碳总排放量	物流成本（千欧元）
成本	72	2.28	8:44	29878	91999
时间	70	1.66	8:27	33035	93860
排放量	72	2.94	9:53	23600	94989

如图 54 所示，在物流成本和交货时间方面，最小化成本、排放量和交货时间之间的差异并不大，因为它们适用于所有容器。当所有容器都很紧急时，很难用既定方法来加速运输。与此同时，在最短交付期和最小排放量之间，二氧化碳排放量减少了近 30%。事实上，在最短交付期中，整合货运流的可能性较小，而在最小排放量中，更偏向于火车运输。

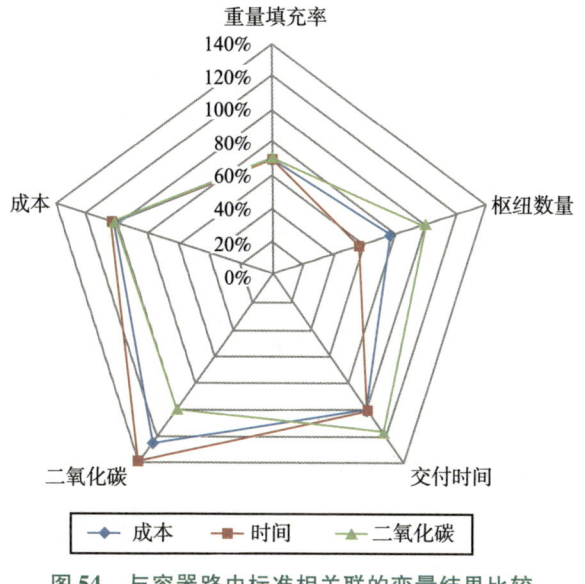

图 54　与容器路由标准相关联的变量结果比较

这些结果显示了路由根据不同标准管理货运流的能力，以及排放量的显著减少（-30%）并没有伴随成本增加（几乎保持稳定），而交货时间的延长仍然是最小值（17%，即多 1 小时）。因此，调整路由标准可以显著提升环境效益。

关于实物互联网潜力的结论

这项工作首次探索了根据实物互联网概念在特定部门推出互联物流可能带来的好处。为了进行这项研究，我们使用了与法国零售配送部门实际需求相对应的数据。通过启发式优化，这些数据首先用于拟定一个网络，然后模拟该网络内的产品交付。这次模拟不仅从结果来看具有好处，还有助于定义与物联网物流相关的流程。实际上，为了模拟实物互联网的运行，必须定义协议和算法来对订单进行容器化、路由容器、管理枢纽中的等候线、优化车辆装载等。这样就能够勾画出运作开放的互联物流网络所需的过程，即"物流网络"，这我们后面会介绍。

除了未来工作的前景外，这些初步结果是决定性的和鼓舞人心的，原因有三。

第一个原因是，尽管算法"简单"，但所获得的结果显示了良好的经济可行性，与当前物流网络相比，通过实物互联网运输的成本降低了4%~26%，而且哪怕局限性再高，也不会影响到基础设施，甚至配送中心和仓库的位置。因此，有可能使用当前的基础设施在该领域向实物互联网发展。事实上，运输效率的提高超过了通过枢纽运输的固定装卸成本。

第二个原因是，从环境角度来看，通过物联网物流所带来的体量整合，不会影响交付频率，使得法国可以使用排放量非常低的重型和电动车辆。在法国，这种做法下排放的温室气体量很少。

第三个原因是，他们的优势在于，利益相关者已经能够很好地利用他们装卸的大量货物。将这些技术应用于更分散的部门或城市配送，能够更好体现这些优势。

由于三个关键原因，这项工作也令人鼓舞。

第一，此处衡量的与传统组织相关的已经显著的收益只是部分收益。由于体积有限，它们只是部分收益。它们占货物货运流的不到2%（占零售配送食品货运流的14%）。因此，体积利润非常高。

第二，在这个项目的框架内，实物互联网的逻辑还没有被推到极致，尤其是没有达到配送（或供应）网络的彻底改革，即库存在枢纽和开放的配送中心之间分配。

第三，还需要强调的是，这种性能是"异步"获得的，即没有托运人就货物进行协商，因此协调成本远低于协作汇集，而且难以推广。

改进的余地在于，这种系统不可避免地会出现需求重组。这不仅意味着零售商向供应商下订单的方式发生变化，还包括由本地生产或直接向消费者提供的服务驱动的新配送渠道的出现。

但前景不限于提炼这些结果。相反，在我们看来，这些结果需要启动试点来研究实际操作的可行性，以验证此处在受限现场范围内获得的理论结果。这一步骤和这些结果的分布，将有助于告知主要利益相关者，他们能够独自实现单位负载向智能模块化物流容器设计的演变，提升包装、运输、装卸和存储的技术，有效地利用它们，以及支持基础设施。

实物互联网行动计划的下一个挑战，除了已经启动或即将启动的项目之外，将是团结各种力量，加入到一个能够找到解决方案的开放性计划中，以助力各利益相关者，共同开启一个互联物流新时代。

第四部分

现有项目和前景

由于这项研究的主题很宏伟且远未完成，因此需要开展其他工作来了解要克服的挑战和障碍，无论是技术、经济，还是法律方面的。此处提供的概述包括作者正在参与的工作。

这些额外的项目要么侧重于某些组件的设计，要么侧重于旨在消除障碍的试验。这些项目按地理区域（例如法国、欧洲、加拿大、美国等）来展示。该演示还展示了下面介绍的国际计划中的不同利益相关者，以及研究前景。

在本章节中，译者还精心加入了实物互联网中国化实践的探求与思考这一部分，目的是向读者全面展示实物互联网在中国的发展现状。此外，通过对比中国与其他国家的案例，我们旨在揭示不同环境下实物互联网发展的异同，从而为读者提供一个多维度、国际化的视角。这不仅有助于理解实物互联网在全球范围内的发展趋势，也为中国乃至全球的实物互联网实践提供了宝贵的参考和启示。

提出并验证问题

上一章介绍的项目自然是对衡量问题的第一个贡献。然而，由于该系统具有全球使命，其他项目也在其他地方并行开展。因此，要确保这些问题具有普遍适用性，就需要各团队在不同的背景下采用不同的方法开展工作。

🔍 一个在美国探索问题的项目

物流和配送卓越中心（CELDi）实验室是一个研究联盟，汇集了美国6所工业工程和物流领域领先大学的研究人员：阿肯色大学、俄克拉荷马州立大学、弗吉尼亚理工大学、加州大学伯克利分校、克莱姆森大学和密苏里大学。此外，该研究中心还与多家公司合作。

为了研究实物互联网的问题，其主任罗素·梅勒教授成立了一个名为"实物互联网思想领袖"的公司联盟，其公司徽标如下所示（见图55）。该项目得到了美国国家科学基金会（NSF）和参与公司的赞助。

实物互联网：物流网络的网络

图55 美国计划的工业参与者（部分）

全球性问题

本项目的主要目的是将班旺·蒙特勒伊在《全球物流可持续性大挑战》（Montreuil，2011）中所提出的问题与美国的参与者进行比较。

在美国，由于经济规模庞大，这个国家中的物流公司每年产生的经济价值估计为1000亿美元，但是这里的物流效率低下，并且对环境造成巨大破坏。交通运输是美国第二大温室气体排放行业。

2007年，公路货运消耗了1.15亿立方升柴油［《公路统计年刊》（1995~2008年），2009］。此外，1990~2008年，尽管面临减少排放的社会压力，与公路货运相关的二氧化碳排放量增加了14.9%，达到5.17亿吨（《美国温室气体排放和吸收汇清单：1990~2007年》，2009）。

在美国，运输系统在很大程度上也是分割的，近3/4的货运流由一个客户运输，根据联邦统计，目前的主要情况是，平均使用了不到60%的载重能力并且是空载占所有运输的20%到30%。导致总效率仅为43%。虽然高于行业平均水平，但联盟成员测得其运输工具的整体使用率为50%，还有很大的改进空间。正是在这种背景下，项目成员研究了实物互联网对运营的贡献和相关问题。他们得出的结论是，如果在美国25%的货运流上推出实物互联网，将节省1000亿美元，减少2亿吨二氧化碳排放量，减少75%长途重型货车司机的周转率。这个问题在北美尤为严重，因为在那里，长途运输需要司机离家数周之久。

网络性能根据推广率发生的变化

除了对潜在利益的估计外，与会者还试图了解实物互联网对快消品制造商、物流服务商和零售商来说意味着什么，以便在这个问题上取得进展。

为了检查向实物互联网过渡的可行性，我们建立了一些模型，假设采用率不断提高并关注最相关的指标。

第一个指标是货物运输效率，这里通过填充率和行程长度来衡量（见图56）。

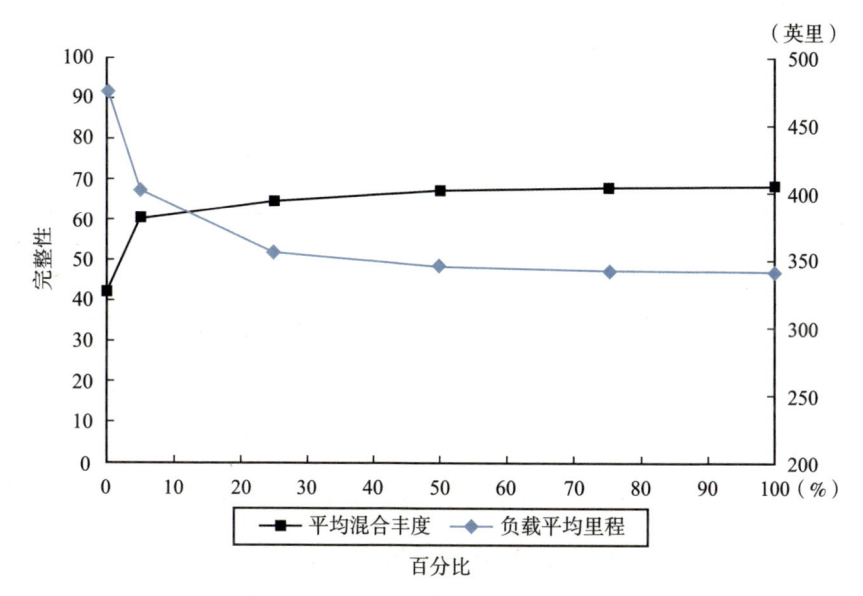

图 56　在 CELDI 的许可下，根据实物互联网的采用率改进填充率和缩短距离

第二个指标研究如何通过计算货车司机每天返回基地的概率来为他们提供更好的工作条件（见图57）。

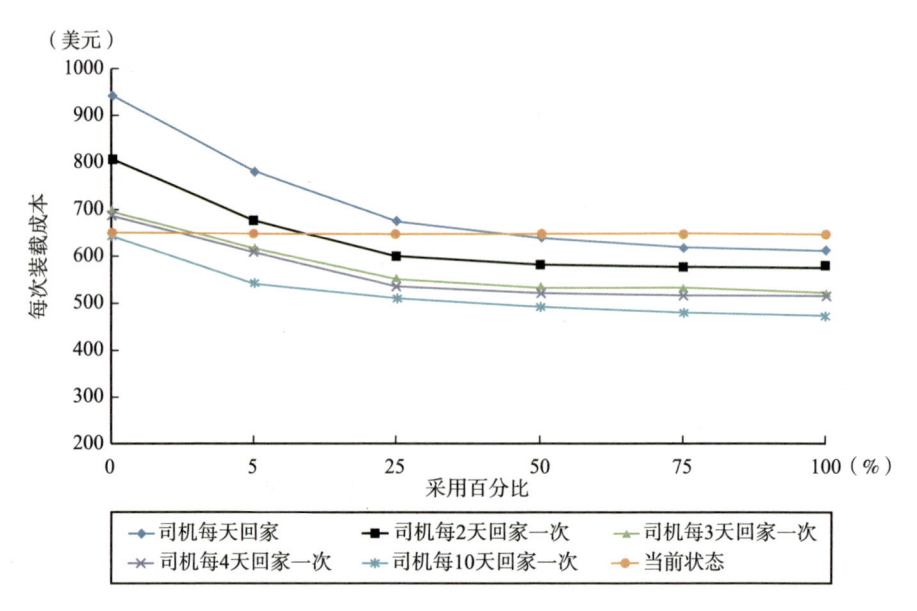

图57 在 CELDI 的许可下，根据实物互联网的采用率，对占用卡车司机时间的影响

建模结果不仅显示了提高装载率和空车率的预期结果，而且更出人意料的是，还表明了对于这些快消品来说，优化开放式配送网络可使产品存放在尽可能靠近消费者的地方。

因此，对于生产商而言，从当前的集中式库存模式到实物互联网模式的转变，将使他尽量使用离客户更近的共享存储点。由于距离近，这个共享网络减少了客户服务的主要制约因素及其成本。

此外，对于低价值产品来说，整车装载是一种经济的订货量模式，这种模式可以发展为低价订货量的模型，相当于一个托盘，进而有利于小批量产品销售。长距离运输将被短距离运输所取代，因为库存更接近客户，具备更好的计划，而且运输频率也更高（见图58）。

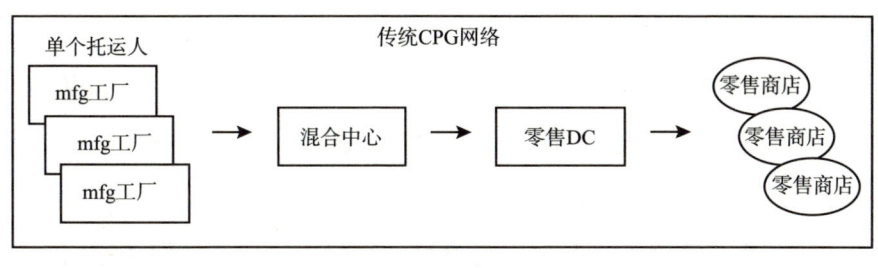

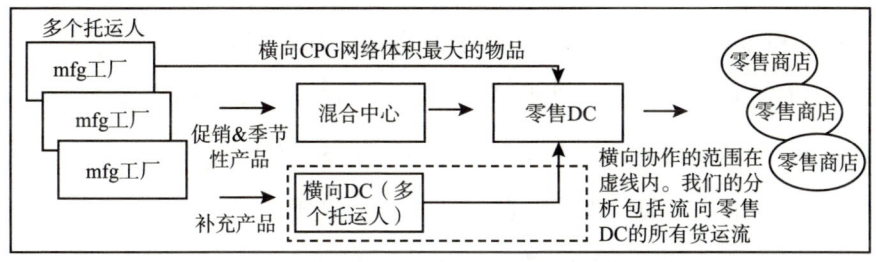

图58 在CELDI的许可下，物流网络比较

另一个意想不到的结果是，货运的可持续性得到改善。这种网络的改变使多式联运变得更有可能。实际上，将库存放在靠近客户的地方，还可以在工厂和开放式配送中心之间使用常规的上游运输方式。最后，行业利益相关者得出结论，应该从我们今天所知的中心辐射型网络模型转变为由中继网络组成的模型。这种结构可以大大缩短卡车司机的行驶距离，反过来会减少司机的流转率，更重要的是降低货物短缺的风险。

■ 各利益相关者的问题

这些战略评估为供应链中的各个合作伙伴提供了双赢的局面。

○ 对于物流服务商而言，实物互联网提供了创建多个托运人共享的中继网络的机会，这些路径可以更好地利用资源，因此可能会增加额外收入，以可承受的成本和稳定的人员数量更好地服务客户。

○ 对于托运人来说，挑战在于，能够以更短的交货时间和更高的频率为他们的客户提供更便宜的运输量，这不仅有助于减少库存，还有助于更好地服务客户。

○ 零售商将看到更频繁、更可靠的交付，这将使他们能够同时减少库存和短缺，从而更好地服务客户和整个供应链。

如何开始这样一个良性循环？我们已经研究了许多推广实物互联网的方法，包括经典的、自上而下和自下而上的系统，以及物流服务商推出的计划。在每一种情况下，都需要一个临界质量来建立实物互联网并利用网络效应。该研究的作者称之为"小爆炸"（与"大爆炸"相比）。

为了沿用这一思路，2012年底，经过两年的工作，该项目确定了解决主要未决问题的试点计划，如果这些问题得到解决，足以开始良性循环以消除剩余障碍。这项工作还必须创建足够吸引人的场景来传播，并说服新的参与者加入项目的新阶段。因此，我们为每一类利益相关者提供了情景。

下面我们将研究在美国建立的关于定义容器尺寸及其填充率的场景之一。

同时，在加拿大开展了两个衡量利害关系的项目。

加拿大探索项目——满载移动网络：一项泛魁北克调查

该项目于2012年4月开始，将于2014年底完成。该项目由魁北克拉瓦尔大学的班旺·蒙特勒伊教授的团队在 CIRRELT 内领导，旨在估算其在能源、经济、环境和社会方面的收益潜力，特别是对道路上车辆数量的影响。这些估算是基于对道路运输行业利用"移动网络"的模拟；换句话说，这是一个开放的、互联的运输网络，通过实物互联网实现满载，这与魁北克省满载半挂车的货运实践有关。开发该模拟系统的目的是将实物互联网运输模式与当前正在使用的运输方式进行比较。

■ 问题

所开发的模拟器代表了一个"移动网络"（见图59），这是一个使用半挂车的互联货运网络的开放网络，由数千个站点组成，在数周的模拟期内交换数十万辆半挂车。由此产生的虚拟环境是一个复杂而动态的系统，再现了大量特定生产地点、承运商和中转站之间的互动。其中每一个都是独立和自主的实体，由决策代理管理，他们根据不断变化的环境调整自己的决策。

其中一个模型明确地模拟了每个运输请求、半挂牵引车、司机、承运人、订购客户、运输中心、道路和路段、城市和决策者，他们的决策在"移动网络"中是相关的。此外，模拟器能够基于并使用魁北克的实际人口、基础设施和经济情况。通过在模拟期间收集数据并将数据传输到输出数据库，模拟器能够根据能源、环境、经济和社会评估情景及其变量。

另一个应用程序利用这一输出计算所选的性能指标，并以仪表盘的形式表示出来。这样就可以对情景进行动态分析，便于呈现整体动态行为和主要利益相关者的动态行为。

实物互联网：物流网络的网络

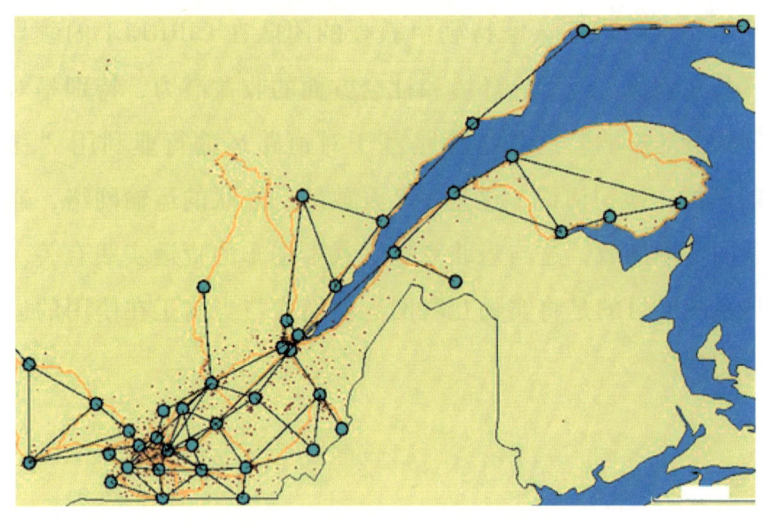

图 59 在 CIRRELT 的许可下，"移动网络"中的道路基础设施和交通中心网络

  从某种角度看，该项目在架构和使用的模拟工具方面与 Predit 非常相似。但明显不同的是，它关注的是对所有交通利益相关者进行精细模拟，而且其范围更广。不过，它并没有获得实际货运流的数据集来支持该模拟。

  公路网络、运营地点、承运商、主要路线上的公路流量、公司和模拟代理的决策过程以及正确运行所需的信息被输入到模拟器中。此输入用于生成场景的功能和环境。完成输入后，可以通过选择模拟中代理和利益相关者的正确流程和行为来选择模拟期间的操作方法。

  "移动网络"的创建解决了中转中心是否开放的问题（见图 60）。中转中心在魁北克省重要地点的分布根据相关成本、相邻中转中心之间的距离、发货人和收货人的地点分布以及客户的集水区分布来决定。

提出并验证问题

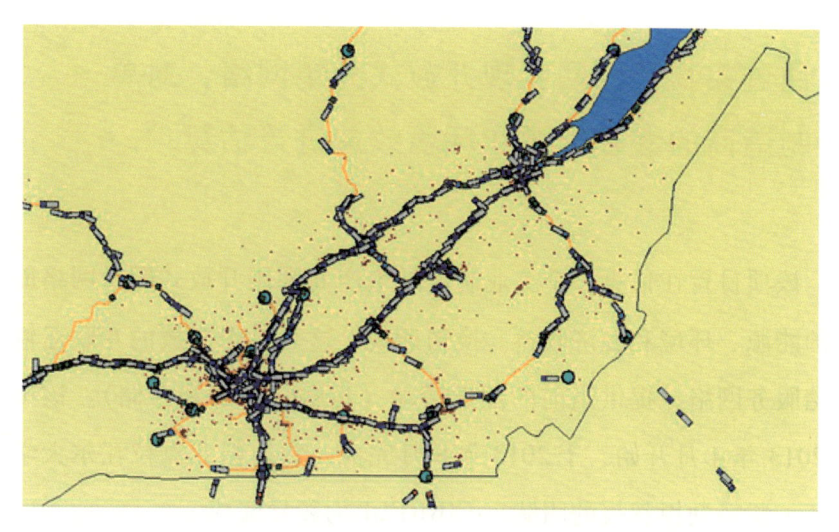

图 60　在 CIRRELT 的许可下，"移动网络"模拟

■ 半挂车移动场景

在网络和货运流上收集的所有这些信息都被传输到模拟数据库，以创建再现要模拟的环境所需的功能、环境和结构数据库。模拟器中运输请求的到达会触发一系列事件和流程。这些事件和流程，用于使用运输公司提供的服务来实现运输站点和接收站点之间的交付。模拟器在数据库中记录与结果和性能分析相关的所有事件。

这些场景提供了一种将当前操作与多个实物互联网场景进行比较的方法，在这些场景中，可以选择预订或不预订运输工具，也可以拥有专用子网络。

该项目一旦完成，将与 Predit 项目的结果进行比较，这将是非常有意义的。

155

🔍 通过实物互联网实现开放式分销网络，对单一制造商的潜在能源和环境效益进行估算

该项目旨在估算一个工业制成品生产商利用开放式配送网络能获得的能源、环境和经济收益。换句话说，这是一个开放的互联运输和存储服务网络，提供当前的配送活动（运输、装卸和存储）。该项目于2013年4月开始，于2013年8月完成。它由魁北克拉瓦尔大学的班旺·蒙特勒伊教授的团队在CIRRELT内领导完成。

■ 方法

该项目基于制造商Southshore，该公司生产的家具由其电子商务客户（例如Amazon.com和Walmart.com）通过互联网在加拿大和美国销售。项目团队评估了不同配送场景对制造商的经济、环境和社会绩效的影响。该研究使用公认的指标［例如能源消耗（TPE/年）和减少的二氧化碳排放量］以及根据客户的填充率来比较解决方案。

在项目期间，研究团队设计、开发并验证了一个模拟器，以估算潜在的节能和环境收益。该团队随后分析了四种不同的场景，在这些场景中，物流活动不同于当前的配送活动。它们分别是：当前情况（场景0）、网络中的运输（场景1）、网络中的配送（场景2）和互联配送（场景3）。该项目正式确定了代理人在每个

提出并验证问题

场景中的决策模型，并在模拟过程中为每个场景引入和使用启发式解决方法。

场景 0 再现了制造商在过去几年的运营中采用的配送模式。它在魁北克和墨西哥的工厂生产不同类别的家具，然后将它们分别储存在公司位于魁北克和得克萨斯的配送中心。在收到每个客户的订单后，制造商将订购的产品分组并通过半挂车将它们运送到每个客户的物流服务商运营的枢纽或仓库，该枢纽或仓库由客户自行确定，通常尽可能靠近客户的目的地国家。然后，产品由客户的物流服务商接管，后者通过自己的网络将产品从这个枢纽运输到终端消费者手中（见图 61）。

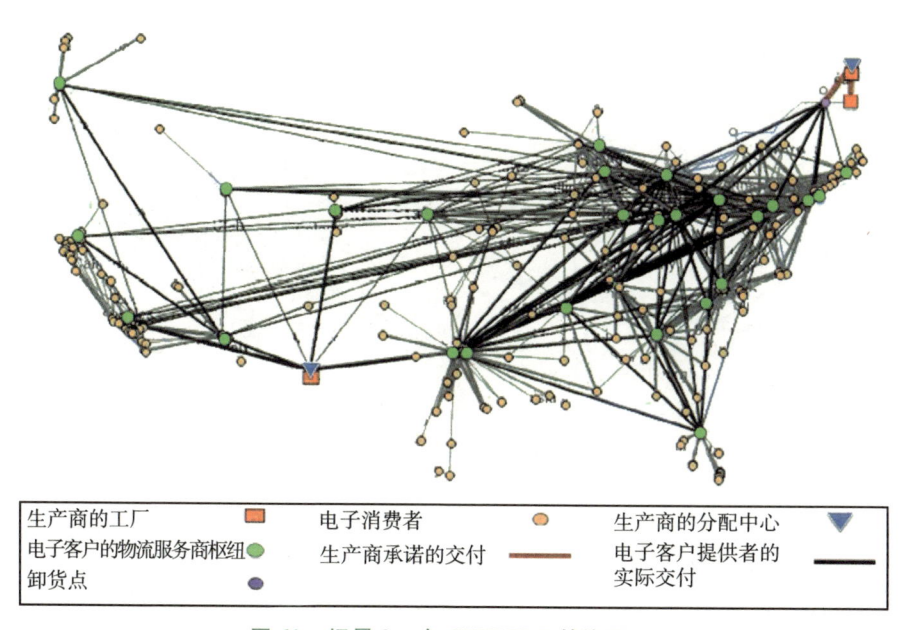

图 61　场景 0，在 CIRRELT 的许可下

实物互联网：物流网络的网络

在场景 1 中，制造商不是将产品运输到客户最初选择的当地枢纽，而是临时存储产品，目的是将它们以火车满载的形式运过边境。在该场景的 1.1 版中，每个物流服务提供商都要进行集运，将卡车运往一个枢纽，而在 1.2 版中，集运将所有物流服务提供商结合在一起，例如，一辆货车可以离开魁北克把货物运送到加利福尼亚州的联邦快递枢纽，然后将其余货物运送到同一州的 UPS 枢纽。

场景 2 显著改变了制造商使用的配送中心网络，使其能够在美国和加拿大运营分配给它的更广泛的配送中心网络，它可以租用、建立或收购这些网络。当前工厂生产的产品以合并的批次运输到网络的配送中心。运输到每个中心的数量根据每个位置周围区域的实际需求进行动态优化（见图 62）。

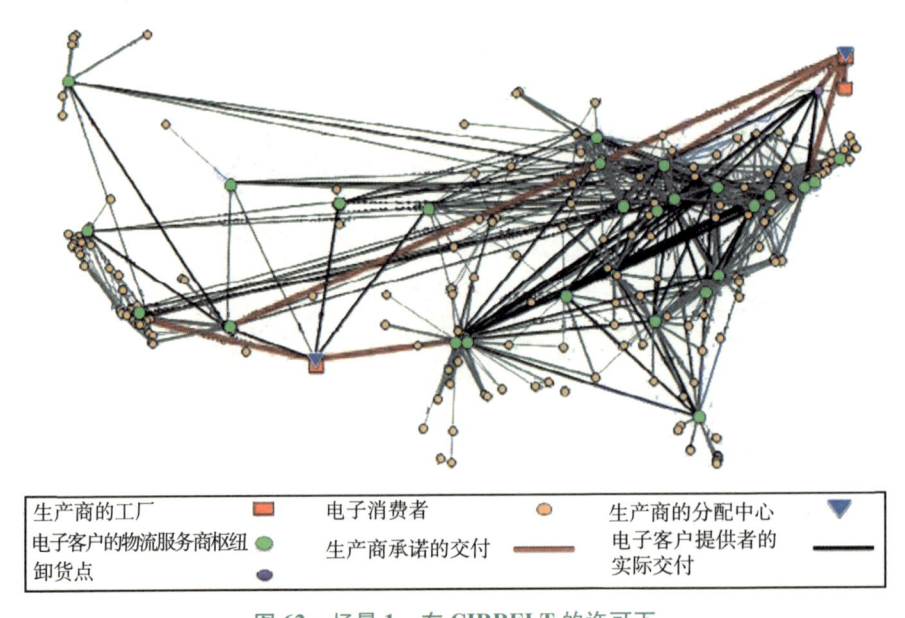

生产商的工厂	电子消费者	生产商的分配中心
电子客户的物流服务商枢纽	生产商承诺的交付	电子客户提供者的实际交付
卸货点		

图 62　场景 1，在 CIRRELT 的许可下

158

提出并验证问题

场景 2 利用消费者订单的联合运输。根据这种方法，当需要完成客户的一个订单时，产品会优先从有库存产品的配送中心交付，并使用客户指定的物流服务商的网络以最快的速度运送给消费者。联合运输利用的是分布在整个物流网络中的整体缓冲库存，这与当前大多数公司的做法形成鲜明的对比：按照策略，每个消费者都由一个确定的分销中心提供服务，每个地理区域在其分销中心都会有一套缓冲库存，如果该中心存在任何商品缺货，则必须等待该商品到货然后才能交付给消费者，这就导致了延误（见图 63）。

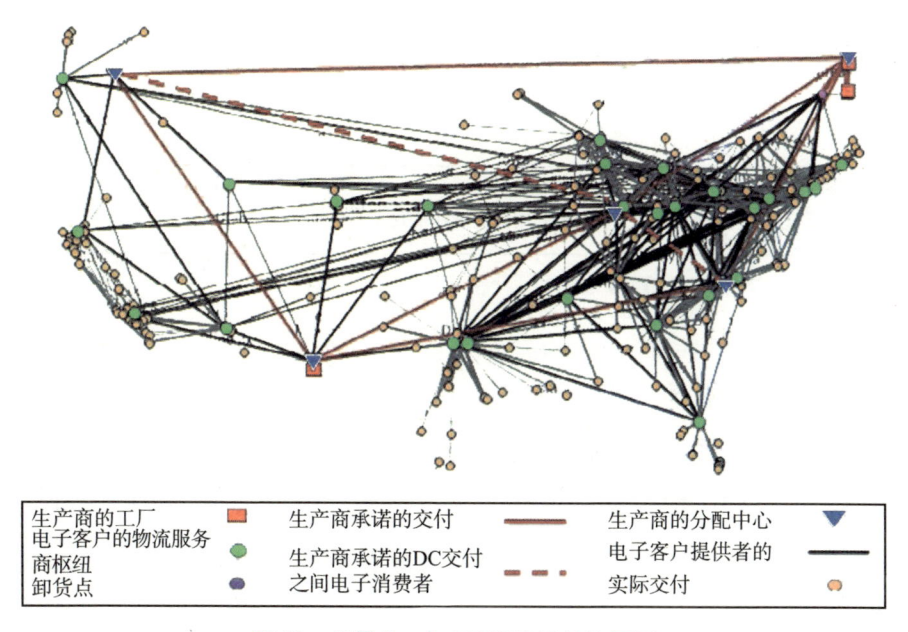

生产商的工厂　　　生产商承诺的交付　　　生产商的分配中心
电子客户的物流服务　生产商承诺的DC交付　　电子客户提供者的
商枢纽　　　　　　之间电子消费者　　　　实际交付
卸货点

图 63　场景 2，在 CIRRELT 的许可下

第三个也是最后一个场景，是基于更广泛建立的实物互联网。产品不再在盒子中运输、存储和交付，而是在实物互联网的标准、模块化、智能容器中建立了一个庞大、开放的配送网，允许托运

实物互联网：物流网络的网络

人将封装产品的模块化容器随意部署到全境数百个开放的配送中心（见图64）。

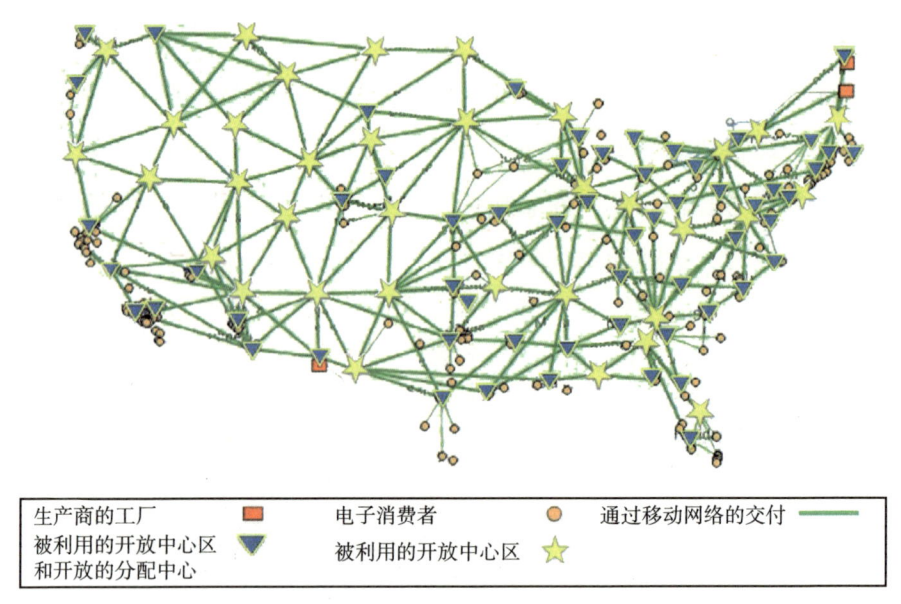

图64 场景3，在 CIRRELT 的许可下

在这种场景下，制造商将其模块化容器动态部署到靠近众多需求区域的多个开放式配送中心。它既不拥有也不租用这些中心：它在需要时使用它们，按次为所提供的服务付费。根据未来几天的预期需求，它通过装运来自工厂或被认为有库存的周边中心所需产品的容器，来动态调整每个中心管理的库存。在"配送网络"中，产品在市场附近配送，加上"移动网络"的存在，运输不需要合并才能有效，响应时间更短、更经济可行，同时最大限度地减少对能源使用和环境的影响。

■ 主要成果

对项目场景的模拟结果分析，揭示了以下总体结果。

○ 与初始情况相比，互联配送场景承诺的准时交货填充率从81.4%提高到97.8%；

○ 在场景1.1交通网络中，能源（每年百万升柴油）和环境收益（每年TPE温室气体排放量）为17%，在场景1.2交通网络中为16.8%，与场景0中评估的当前做法相比，场景2中配送网络为34.6%，场景3中互联配送为46.4%。

○ 与当前成本相比，场景1.1交通网络运输成本降低31.2%，场景1.2交通网络中为30%，场景2配送网络中为33.8%，场景3互联配送中为68.9%。

○ 场景1.1运输网络的物流总成本［包括运营或使用配送中心（如适用）］减少21.5%，场景1.2运输网络中减少20.7%，场景2配送网络中为15.5%，场景3互联配送中为42.8%。图65以场景0为基数100说明了节能效果。

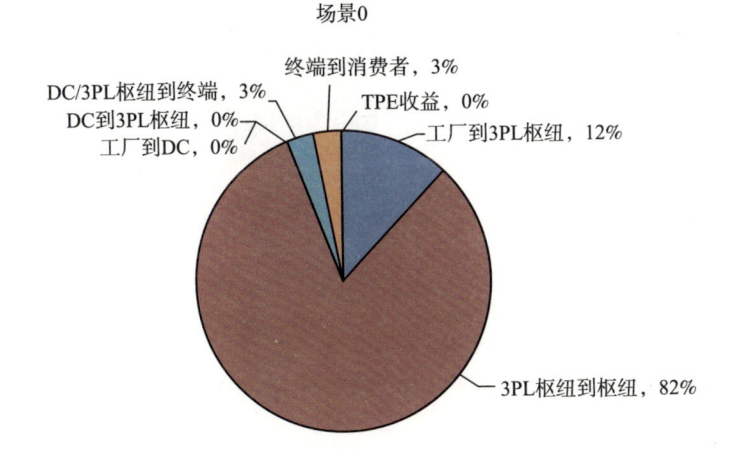

场景0

- 终端到消费者，3%
- DC/3PL枢纽到终端，3%
- TPE收益，0%
- DC到3PL枢纽，0%
- 工厂到DC，0%
- 工厂到3PL枢纽，12%
- 3PL枢纽到枢纽，82%

实物互联网：物流网络的网络

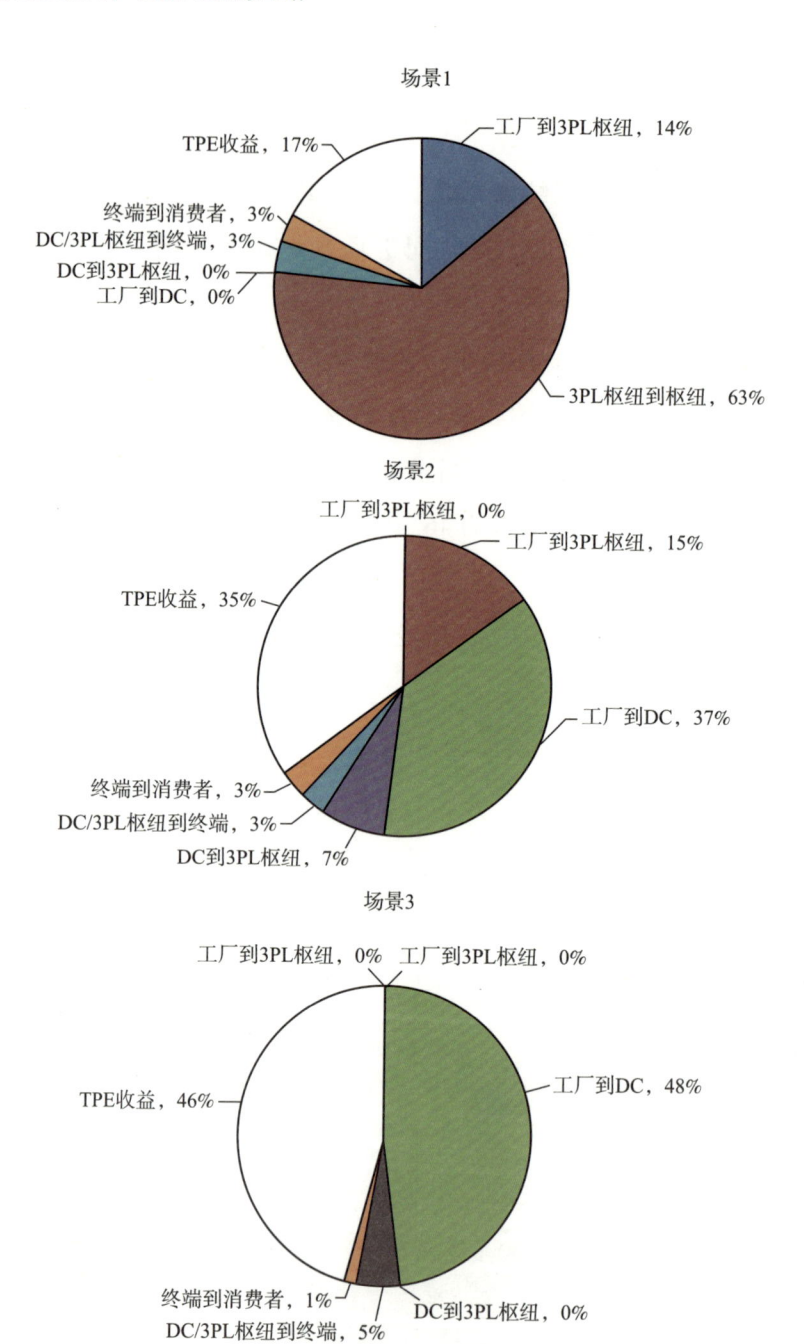

场景1
- TPE收益，17%
- 终端到消费者，3%
- DC/3PL枢纽到终端，3%
- DC到3PL枢纽，0%
- 工厂到DC，0%
- 工厂到3PL枢纽，14%
- 3PL枢纽到枢纽，63%

场景2
- 工厂到3PL枢纽，0%
- 工厂到3PL枢纽，15%
- TPE收益，35%
- 工厂到DC，37%
- 终端到消费者，3%
- DC/3PL枢纽到终端，3%
- DC到3PL枢纽，7%

场景3
- 工厂到3PL枢纽，0%
- 工厂到3PL枢纽，0%
- TPE收益，46%
- 工厂到DC，48%
- 终端到消费者，1%
- DC/3PL枢纽到终端，5%
- DC到3PL枢纽，0%

图 65 在 CIRRELT 的许可下，根据不同场景的能源使用比较，其中 DC 代表配送中心

🔍 欧洲快消品领域项目：Modulushca

该项目由第七届欧盟研究与技术发展框架计划资助，由德国 PTV 集团协办，成员包括许多工业界（宝洁、Chep、Jan de Rijk Logistics 和意大利邮政）和学术界合作伙伴［格拉茨理工大学、柏林工业大学、拉瓦尔大学（加拿大）、洛桑联邦理工学院和巴黎高科矿业学院］、波兰的 ILIM 和西班牙的 ITENE 等研究中心，以及专业服务公司（Kirsen Global Security 和 Meware SRL）。

一般而言，这个大型联盟的目标是定义实物互联网的潜在视图，以及互联的物流服务网络，特别是消费品（CPG）供应网络。这个领域十分有前景，因为它既包括企业对企业交易，也包括企业对消费者交易，而且订单量大、要求高。该项目于 2013 年底开始，为期 3 年，重点关注实物层面以及信息系统和流程方面所需变革的三个基本方面。自然，该项目一开始聚焦于欧洲，后来加入了一个加拿大的"姊妹"项目，将北美的物流观点引入此研究中。

该项目旨在在超市零售产品的背景下，展示通过初步改变供应链以增加互联可以获得的好处。它主要评估引入一小组模块化容器的影响，从工厂到下游客户，都可以追踪到这些容器。它不仅涉及宏观问题，就像法国的 Predit 项目一样，还涉及在工业试点中测试技术解决方案。因此，该项目的最终目标是，证明物流网络的互联有助于减少空车行驶里程（目前欧洲为 25%）并提高车辆填充率（目前欧洲为 42.6%）。

该项目分为几个工作包，一些工作包侧重于分析和研究问题，而另一些侧重于设计解决方案，如下所述。

实物互联网：物流网络的网络

■ 比较实物互联网的概念与欧洲快消品物流的需求

关于实物互联网提出的愿景，人们已在众多会议上进行了讨论，但业界的具体工作却寥寥无几。通过研讨会，其中一个工作包旨在更准确地理解在此背景下实施和发展实物互联网的操作杠杆和障碍。然后，该概述将用于制定 2030 年的愿景和路线图。

■ 评估欧洲供应链面临的问题

在泛欧层面对 CPG 供应链进行建模，旨在能够审查从当前情况到互联物流目标情况的连续修改场景。为此，Modulushca 必须定义一种流程评估方法，该方法要考虑多式联运的各个方面，以及供应链所需的不同处理级别——从生产线到超市货架。预计 2014 年将得出有关该主题的首轮结果。

🔍 融合项目

实物互联网需要解决的一个方面是它是否具有普适性。这个在加拿大提出的想法是否只适用于世界上人口密度最低的国家之一？还是也适用于人口稠密的欧洲？或是在美国的适用性又如何？

因此，虽然这些团队在不同的地理区域、不同的物流系统和不同的条件下进行工作，并且他们之间的联络紧密，但实际上是由不同的团队执行的，令人欣慰的是，他们得出了相似的结果。

例如，实物互联网模拟模型和泛魁北克网络上的工作共享某些工具，但路由算法、地理和货运流基础有很大不同。此外，在美国创建的模型几乎独立于之前的工作进行，就其性质而言非常不同，因此能够很好地补充在魁北克和欧洲进行的工作。

尽管所有这些项目的结果都略有不同，但不变的是，所涉及的利益相关者更加相信实物互联网的适用性，在某些情况下，这促使利益相关方继续开展后续项目并启动试验。

实物互联网在中国的发展历程、技术创新、典型实践及未来展望*

历经三十年跨越式发展，中国物流业，特别是快递行业作为先锋，在商业全球化与互联网商业的双重驱动下，依托从业者的开拓精神与制度创新，成功构建起贯通全球的物流网络，创造了现代产业发展的奇迹。然而，高速增长背后潜藏的结构性矛盾日益凸显：由行业初期监管滞后引发的价格战与无序扩张，导致资源配置低效与同质化竞争；粗放式发展模式进一步加剧了劳动力权益保障缺失、职业尊严感匮乏等社会问题；同时，包装污染、能源消耗等环境负荷持续攀升，严重制约行业的可持续发展能力。

立足新的历史方位，作为全球供应链核心枢纽的中国，肩负着重塑物流产业格局的实力与担当。当前，行业亟需破解三大核心命题：

1. 如何通过产业升级实现高质量发展，有效降低全社会物流

---

* 本节由译著团队与田民博士联合撰写，承蒙田民博士惠赐素材、亲自执笔与严格把关，同时向为本节提供翔实材料的案例提供方表示诚挚感谢！

成本？

2. 如何构建完善的权益保障体系，提升物流从业者的职业尊严与价值认同？

3. 如何突破传统发展范式，培育兼顾效率提升与人文关怀的产业生态？

这要求中国物流业必须摆脱对"野蛮生长"的路径依赖，转向以理论创新为引领、以标准体系建设为支撑、深度赋能数字技术与人工智能的发展模式，推动产业向智能化、绿色化全面转型。未来，中国物流业应推崇和强化利他思维，构建开放共享的产业生态，实现技术革新与人文关怀的有机融合。在此进程中，探索具有中国特色的实物互联网（Physical Internet，PI）建设路径，不仅是突破当前发展瓶颈的关键举措，更是实现产业高质量发展、履行全球供应链责任的必然选择。这需要行业各方凝聚共识，以系统化思维协同推进理念升级、技术创新与制度重构，最终达成产业价值与社会效益的协同提升。

■ 实物互联网在中国的发展历程

2009 年，班旺·蒙特勒伊发表《实物互联网宣言》（*Physical Internet Manifesto*），系统阐述了其理论框架。相关研究项目随后获得美国国家科学基金会（NSF）、加拿大自然科学与工程研究理事会（NSERC）及欧盟等机构资助，佐治亚理工学院成立了全球首个实物互联网实验室。

此后，实物互联网进入国际推广与实践探索阶段。欧盟发起 ALICE 联盟，联合企业与研究机构制定《实物互联网推进路线图》，并通过年度国际会议（IPIC）推动全球产学研协作，使其成为全球物流领域"从理论到实践"的核心创新方向。在欧美地区，其发展大致经历了三个阶段：从学术研究热点，逐渐吸引重量级行业企业关注并形成发展共识，最终推动国家和政府层面形成面向未来物流和供应链发展的顶层战略设计。

事实上，中国对物流系统优化与协同的探索（即实物互联网的萌芽思想）起步并不晚，在物流理论创新层面与世界前沿同步，相关理念的提出时间与国际主流学界近乎平行。总体来看，中国实物互联网的发展历程可划分为三个重要阶段：萌芽探索期、理念推广与生态构建期、加速落地与生态成型期。

（一）萌芽与探索期（2012~2016年）：理论引入与本土思考

1. 本土理论雏形（2011年）：早在2011年，罗辉林在《物流智联网》中提出"物流TCP/IP协议"构想，主张通过标准化物流单元与智能节点实现物流网络互联。这一构想与实物互联网的底层逻辑高度契合，被视为中国本土最早的实物互联网理论雏形。

2. 学术先行与系统性探索（2012年起）：2012年，香港大学黄国全教授带领团队参与欧洲Modulushca项目，并成立亚洲首个实物互联网研究机构——香港大学实物互联网实验室（HKU PI – Lab）。该实验室聚焦物流网络建模与标准化研究，开启了中国学界对实物互联网的系统性探索。

（1）研究策略：紧跟国际前沿，密切追踪并高频互动欧美PI研究进展及政府项目；本土化探索，结合中国独特的物流与供应链场景，深入研究PI的应用机制，形成独特研究视角并产出重要成果。

（2）实践延伸：该实验室的部分核心成员后来创立了逗号科技，成为国内最早以PI核心技术理念为支撑、深度结合中国物流行业特色并持续推动科研成果落地的科技企业。

3. 国际交流深化（2014 年起）：2014 年，全球实物互联网大会（International Physical Internet Conference，IPIC）开始举办，香港大学 PI-Lab 成为常驻且高度活跃的参与力量。2015 年（第二届 IPIC，法国巴黎）：HKU PI-Lab 全员参会，是当时欧美以外规模最大的研究团队，并在会上提出《工业园区视角下多企业物流协同共享的实物互联网（PI）模式》，展示了中国视角下的 PI 应用探索。

4. 产业初步接触：2016 年，顺丰前 CTO 兼顺丰科技前 CEO 田民，在参与美国佐治亚理工大学校友基金会活动及该校深圳分校筹备期间，深度接触了该校班旺·蒙特勒伊教授（PI 概念主要创始人之一）的实物互联网理论框架。经过多次跨国研讨，田民确立将实物互联网引入中国的目标，并推动顺丰与佐治亚理工大学达成合作意向，开启了中国领先物流企业与国际顶级 PI 研究机构的首次实质性对接。

（二）理念推广与生态构建期（2017~2021 年）：从理论普及到实践探索

1. 行业启蒙与理论引入（2017 年）：物流技术装备企业德马科技创始人卓序与专注于供应链资本的棋盘资本马宏联合发起"新物流"研讨会，汇聚 108 位行业精英与专家学者，围绕"新零售"探讨未来物流模式。卓序担任总策划、马宏担任主编，会后出版了《无法预见的革命》一书。同年，在田民的推动下，佐治亚理工大学与顺丰速运签署校企合作协议，启动"超链接物流网络（PI）研究项目"，该项目聚焦同城配送、跨城干线及生鲜供应链场景，开展基于 PI 理论的网络建模与效率优化研究，其成果发表于国际顶级期刊，奠定了中国在实物互联网（PI）应用研究领域的重要基础。

2. 公众认知破圈（2019 年）：田民邀请 PI 理论奠基人之一班

旺·蒙特勒伊教授及 ALICE 组织重要成员 Barbarino Sergio，在上海举办的佐治亚理工大学创新论坛上发表《实物互联网：物流产业的互联网革命》主题演讲。这是 PI 理念在中国首次获得《物流技术与应用》、"钛媒体"等专业媒体与科技平台的系统性报道与解读，成功引发中国业界对"物流网络智能化重构"的广泛关注，实现了从专业圈层向更广阔业界的传播。

3. 全球变局下的理念深化与落地探索（2020 年）：面对百年变局与新冠疫情叠加引发的全球供应链中断风险加剧，传统物流体系的脆弱性充分暴露。在此背景下，第七届国际实物互联网大会（IPIC，由深圳大学主办并在线举行）创下 12 万人次的参会纪录。大会特设中欧、中美、亚太等分论坛，聚焦"数字技术重构实体物流运作"主题，有力推动 PI 理论从学术研究向供应链韧性建设等实际场景落地，体现了 PI 在应对全球供应链挑战中的重要价值。

（三）加速落地与生态成型期（2022～2025 年）：从单点突破到生态构建

1. 理念引爆与政策关注（2022 年 3 月）：物界科技创始人田民发表《物 π 网：超越传统物流的范式革命》一文，提出实物互联网（PI）的本质是"物流网络的互联网化重构"，引发行业广泛讨论（"百家争说物 π 网"）。虹桥国际中央商务区管理委员会等政府部门迅速响应，将 PI 纳入区域产业创新规划。

2. 行业平台搭建与共识形成（2022 年 8～9 月）：首届虹桥·中国实物互联网系列论坛（CPIC）成功举办（线上＋线下）。班旺·蒙特勒伊、黄国全等国内外顶尖学者及物界科技、德马科技等企业代表共 208 人参与。论坛聚焦"PI 生态体系搭建"与"产业链供应链整合"等议题，达成《虹桥共识》。相较于 2017 年的首次研讨，论坛规模显著扩大，标志着中国 PI 生态从"小众探索"正式迈向"行业共研"。

3. 亚洲最大实物互联网科研平台项目落地（2022 年 7 月）：受"元宇宙"概念启发，香港大学黄国全教授融合实物互联网理念，提出"元联网"构想，旨在构建"物流元宇宙"，实现"像实时聊天般收发物件"。基于此创新构想，其团队获批香港大湾区年度"主题研究计划"逾 4000 万港元资助，该项目成为亚洲最大的实物互联网相关科研平台之一。

4. 行业观点沉淀与理论奠基（2022 年）：由田民总策划、马宏主编的中国首部实物互联网专著《正在遇见的革命》出版。该书汇集 208 位专家学者及企业家的深度洞察，系统梳理了 PI 的国际理论体系与中国实践路径，成为国内首部兼具学术深度与产业指导价值的 PI 研究文献。

5. 国际话语权突破（2023 年 6 月）：中国实物互联网联盟（筹）代表中国首次亮相实物互联网国际会议 IPIC2023（雅典）。中国代表团分享了在智能枢纽建设、绿色物流标准化等领域的实践案例，推动全球 PI 版图首次形成"北美—欧洲—亚洲"完整闭环，标志着中国以组织化身份正式跻身全球 PI 核心阵营。

6. 物理载体落地与实践转化（2025 年）：（1）3 月 14 日：上海"实物互联网联盟大楼"共享空间装修启动仪式举行，标志着中国首个实物互联网产业聚集平台正式落地。（2）5 月 25 日：该联盟大楼内的全球首个实物互联网共享空间正式启用。来自德国、日本、中国等国家及地区的 150 位代表出席首场沙龙，围绕落实国家"有效降低全社会物流成本行动方案"和"PI 在中国的场景化落地"展开研讨，形成《中国实物互联网联盟行动倡议》，有力推动了 PI 理论成果向产业实践的实质性转化。(3)聚焦前沿发展(2025年6月):第十一届国际实物互联网大会(IPIC)将于6月19~20日在香港举行,由香港理工大学主办。中国实物互联网联盟多位企业家加入大会行业委员会。届时,国内外知名学者与行业精英将齐聚一堂,共商PI发展前沿,彰显中国PI实践持续阔步前行的态势。

实物互联网在中国的代表性技术创新和实践创新案例

(一)PI技术创新:元联网(cyber-physical internet,CPI),香港理工大学黄国全教授团队

香港理工大学黄国全教授团队获4000万港元资助,研发基于元联网的"大湾区跨境物流枢纽互动智联网"。项目通过物联网与智能感知技术融合物流与信息流,构建物流元宇宙,实现"像实时收发消息一样收发物件"。该系统将数字化物流要素,利用实时数据提升决策精准性,降低全球物流成本并优化环保效能,推动大湾区物流智能化升级。

元联网作为实物互联网向元宇宙(metaverse)融合的创新演进,为解决复杂物流场景下的实时性、透明度与动态响应挑战提供了全新范式。其核心愿景是实现"如同在互联网上高效传输信息一般实时、便捷地收发物理实体"。为实现这一目标,CPI首先构建了坚实的数字化基础架构:通过智能感知与物联网(IoT)技术,为物流系统核心实体(人、设备、货物、订单)建立数字孪生(digital twins),形成虚实深度融合、高度同步的元实体(meta entities)。

元联网由四大核心支柱构成:

1. 数字化基础(digital foundation):创建元实体作为系统的基本

要素。

2. 网络化协议（networking protocols）：

（1）网络架构：包含用于跨境/干线物流的广域元联网（WAN-CPI）、用于设施内部物流的局域元联网（LAN-CPI）以及用于城市/区域配送的区域元联网（CAN-CPI）。

（2）通信协议：定义一套融合信息流与物流控制的 CPI 网络协议栈（类比互联网的 TCP/IP），并配套相应的路由表（routing tables）和路由协议（routing protocols），确保数据与物流指令的可靠、高效传输。

3. 协同与激励协议（collaboration & incentive protocols）：建立伙伴关系框架和激励机制，确保在复杂动态环境下数据采集与共享的实时性、准确性和可信性。

4. 智能决策应用（intelligent decision applications）：利用系统的全局透明度与端到端可追溯性，基于路由表、协议和实时数据，实现智能路径规划、动态成本优化、碳排放实时计量等功能，推动物流决策从被动响应（reactive）向主动适应（proactive/adaptive）转变。

CPI 的运作机制深度借鉴互联网范式：

1. 标准化、数字化的物流运载单元（如智能集装箱、AGV 载具）如同互联网中的数据包（packets）。

2. 配备了智能路由功能的物流节点（如智能仓库、转运中心、货运枢纽）充当元联网路由器（CPI routers），负责"数据包"（物流单元）的转发和路由决策。

3. 物流资源的接入与配置（如调用智能叉车、预约仓库空间）如同在网络上配置共享设备（如网络打印机）。

4. 传统货运代理等角色将转型为依托 CPI 基础设施、提供智能路由与增值服务的新型服务提供商。

这一创新框架正在深刻变革实体物流的交互方式，并为特定行业的高复杂度物流难题提供突破性解决方案。

（二）PI 技术创新：PIOS 操作系统和物算机，物界科技田民团队

由田民带领的物界科技提出一种基于计算机体系结构与操作系统原理的物流节点操作系统（PIOS）创新框架。通过将冯·诺依曼架构、网络协议栈和云计算理念映射到物理世界，物界科技设计了"物算机"硬件原型与基于"开放式物流模型"（open logistics model）的开放式协议栈，构建了实物互联网的核心基础设施。该系统实现了异构物流节点的统一抽象化、资源虚拟化和服务标准化，为全球物流网络的高效协同提供了理论模型与技术路径。

当前全球物流系统面临的核心矛盾在于异构节点的非标准化管理。港口、仓库、分拣中心等节点采用独立和定制化的软硬件管理系统，如同计算机发展早期缺乏统一操作系统的硬件设备，导致数据孤岛、资源错配和效率损失。传统物流的 13 大痛点（如运输空载率超 40%、设施利用率不足 60%）亟需系统性变革。实物互联网被视为物流的"下一代互联网"，其核心是开放共享的物流网络。借鉴计算机科学成熟架构，物界科技提出物流节点操作系统（PIOS）——将物理设施抽象为可编程单元，通过协议栈实现节点间"分组交换"，最终形成超链接的物流网络和全球物流云。

PIOS 的硬件基础"物算机"（physical computer）重构了物流节点为五层冯氏结构：输入/输出设备：AGV、智能闸机（类计算机键盘/显示器）；存储器：高密度货架（动态分区存储）与缓存区（寄存器）；运算器：路径规划算法引擎（替代 CPU 算术逻辑单元）；控制器：资源调度内核（类比 OS 进程调度器）。

实物互联网：物流网络的网络

PIOS 内核借鉴 Linux 的"一切皆文件"思想，将货物、设备、空间抽象为物流实体对象（logistics objects），通过以下四大管理模块实现资源控制。

·物流进程管理：将货物周转任务封装为"物流进程"（L-process），包含状态（运行/阻塞/就绪）、优先级、资源清单；抢占式调度算法处理紧急订单，避免传统 FCFS（先到先服务）的响应延迟。

·物流内存管理：货架空间动态分区：按货物尺寸分配"物理存储页"；虚拟化技术实现"云货架"：物理分散的仓库呈现为统一逻辑空间（如亚马逊云仓模式）。

·物流文件系统：货物全生命周期数据以物流元文件（L-metadata）存储，包含溯源、温湿度记录等；日志结构更新（Log-structured update）确保操作可回溯。

·设备驱动层：统一接口兼容叉车、机器人等异构设备（类似 OS 硬件抽象层）；实时监控设备状态，动态加载驱动模块。

借鉴 TCP/IP 协议栈和班旺·蒙特勒伊教授提出的开放式物流模型，物界科技设计和开发了实物互联网协议栈。

关键突破：

·PI-router 协议：基于实时交通数据的动态路径规划，类比 IP 路由但引入时空约束因子；

·混合熵源安全原语：集成 PUF（物理不可克隆函数）与 TRNG（真随机数），防止货物标签篡改。

物算机原型机已在实验环境验证：

·硬件：集成 ROS 机器人、智能货架、边缘计算网关；

·PIOS 内核：基于微内核架构，支持热插拔模块；

·性能数据：周转效率提升 40%，空载率下降至 12%。

PIOS 的深层意义在于实现了物联网（IoT）的三重扩展：

·对象扩展：从计算机到普通物品（赋予 IP 标识的集装箱或容器）；

·功能扩展：从跟踪货物到控制货物（自动调度分拣）；

·自然扩展：从人造物到自然物（冷链中温敏性生物制品）。

这标志着一场"物流范式转移"：物流节点不再是静态设施，而成为具备感知、决策、执行能力的智能体，实物流动被编码为可计算的"实物数据包"（physical packet）。

（三）PI 实践创新：锂电池跨境端到端物流优化，中远海运

随着全球新能源汽车产业的迅猛发展，作为其核心部件的锂电池国际物流需求激增。然而，锂电池运输面临效率瓶颈、成本高企（尤其是包装与合规成本）、环境影响（碳排放与固废）以及安全追溯复杂等多重挑战。为系统性解决这些问题，提升供应链韧性与可持续性，中远海运集团（COSCO SHIPPING）在其为国际客户提供的"中国某电池工厂至欧洲某国整车厂"锂电池端到端跨境物流服务中，积极探索并深度应用了实物互联网的核心理念。

PI 赋能实践的核心举措与成效：中远海运联合客户，从 PI 的三大核心支柱出发，构建了创新的锂电池跨境物流解决方案。

1. 标准化与模块化基础：

·容器革新与 PI 适配：摒弃传统的"木托盘+纸箱"包装模式，创新性地设计并应用了符合 PI 理念的标准化物流单元。该单元采用"塑料底托+可折叠围板箱/周转箱+模块化嵌套结构"，严格遵循 ISO 668 等国际标准。其能显著提升多式联运兼容性；容器可折叠设计使空箱体积压缩率提升 23%；锂电池单元装载密度从 78% 优化至 92%，为高效越库作业（cross-docking）奠定物理基础。

·全生命周期效益优化：采用高密度聚乙烯（HDPE）再生材料制造容器，结合高效的循环共用机制（平均周转次数提升至6次）及逆向物流网络。进而，包装环节固废总量较原方案降低83.3%；单次循环包装成本降至原方案的16.7%；包装相关碳排放降低41%；生产者责任延伸（EPR）合规成本降低28%。显著实现了经济效益与环境效益的双重优化。

2. 数字化追溯与网络协同：

·基于数字孪生的全程追溯：构建基于PI数字孪生理念的锂电池物流四维（空间位置、时间节点、质量状态、责任主体）精细化追溯模型，取代传统的粗粒度管理。应用"一物双码"（物理标签+数字ID）、GIS+BDS融合定位、电池管理系统（BMS）关键数据流整合、区块链智能合约等技术。实现从生产下线到终端装机全链条的实时、透明、精细化追踪；供应链质量追溯效率提升83%；产品召回成本降低65%。

·跨境数据安全与合规共享：针对欧盟《通用数据保护条例》（GDPR）等严格法规，设计并部署PI数据网关，综合运用边缘计算、同态加密、零知识证明及星际文件系统（IPFS）去中心化存储技术。确保敏感数据跨境流动时满足"可用不可见"原则，保障数据主权与安全合规性，并通过TüV Süd权威认证。

·行业共享网络构建：推广"外箱标准化+内衬定制化"的兼容方案，牵头建设中欧跨境锂电池包装容器共享平台，并联合行业协会推动相关技术标准的制定与应用，加速区域性PI共享物流网络的形成。

3. 智能化仓储与网络化路径优化：

·PI网络下的动态物流规划：将传统点对点线性运输模式升级为

基于 PI 理念的"双枢纽（中国中心仓 + 欧洲门户枢纽）+ 多中继（沿线临厂仓）"动态物流网络结构。

·智能决策与优化：利用 PI 云平台的智能调度功能，整合国内中心仓、欧洲门户枢纽（如汉堡港、科佩尔港）及沿线中继仓资源。应用帕累托多目标优化理论及 NSGA－Ⅱ进化算法，构建数学模型，实现项目整体经济成本最小化；实现关键节点仓库在满足需求前提下的仓容占用最小化；确保始发仓库仓容满足发货需求的保障，并为库存布局与运输路径提供实时、动态的智能化决策支持。

·碳减排与效率协同优化：实施海铁联运双路径（北线/南线）方案，结合 PI 数字孪生技术进行实时模拟与动态优化。由此，北线方案运输时间缩短 42 小时，单位货量碳排放降低 19%；南线方案单箱运输成本下降 28%；整体跨境物流链路总碳足迹降低 26%，实现效率提升与碳减排的协同。

案例总结：中远海运的锂电池跨境物流 PI 实践，成功地将 PI 的标准化、共享化、网络化、智能化核心理念融入复杂的国际供应链场景。通过系统性创新，该方案有效突破了锂电池跨境物流的效率、成本与环境瓶颈，显著提升了供应链的透明度、韧性与可持续性，实现了"货物如信息般高效、透明、可持续流动"的 PI 愿景。此案例为中国乃至全球探索 PI 在高端制造业，特别是新能源领域复杂供应链中的落地应用提供了宝贵的经验和示范。

实物互联网在中国的未来展望

当前，中国政府以"有效降低全社会物流成本"为核心目标，出台《"十四五"现代物流发展规划》，深入实施双循环战略，为实物

实物互联网：物流网络的网络

互联网发展提供了"顶层设计—政策支持—市场空间"的三重保障。政府和企业已启动基于实物互联网理念的"智能物流枢纽网络""绿色包装标准化"等实践，创新科技企业、高校与科研机构聚焦"物流 TCP/IP 协议""跨主体协同区块链技术"等关键技术攻关，民间自发成立的中国实物互联网联盟及研究中心，正从理论创新、标准制定、场景落地三个维度构建本土化生态。

尽管中国接触实物互联网概念晚于欧美，但依托庞大的物流市场规模、完善的制造业供应链基础及政府高效的统筹协调能力，行业已通过多年论坛研讨、校企合作、国际交流形成"引进—消化—创新—输出"的发展路径，初步达成"以实物互联网推动物流产业从'规模扩张'向'价值共生'转型"的共识。可以预见，未来五年，随着标准化体系完善、技术基础设施成熟及跨行业生态协同深化，中国必将成为全球实物互联网理论创新与实践落地的核心策源地，为解决全球物流可持续发展难题贡献"中国方案"。

缘起于对高效、绿色、共享物流未来的向往，中国物流行业的有志之士以利他之心为底色，踏上跨越十年的探索之路。他们在跨国学术交流中拓宽认知边界，在行业研讨碰撞中凝聚发展共识，从理论引入的"星星之火"，到生态成型的"炬火初燃"——每一步实践都浸润着对产业变革的善意与智慧，让个体的创新微光汇聚成照亮全球物流未来的思想火炬，携手共赴"价值共生、全球协同"的理想之境。

同一个梦想，凝聚心怀家国与全球责任的有志之士；

同一个空间，汇聚理论创新与实践突破的共创先锋；

同一个网络，构建效率与人文并重的未来物流新范式。

进行试验和排除障碍

自 2010 年以来，实物互联网主题在 Predit 框架内得到了法国生态、可持续发展和能源部研究与创新局的支持。最初的探索性研究项目的结果，帮助启动了另外两个与该行业相关的项目以及一个研究项目。

此外，在欧洲和北美，这两个项目也推动了实物互联网其他方面的进展；例如，快消品应如何填充容器以及需要哪些容器？

这些项目中的每一个都旨在为项目参与者取得具体成果，从而推进了实物互联网领域的整体讨论。

第一个项目在美国运行，旨在计算产品和容器的多样性对其填充率以及车辆本身填充率的影响。

在法国进行的项目按时间顺序排列如下。第一个项目 OTC – KAYPAL Ⓒ MR 从现有的物流容器开始，旨在证明在开环和相关应用程序中进行个人追踪的可行性。第二个项目 CRC Ⓒ Services，旨在试用第一个协作路由中心。因此，它是第一个全面的路由演示器。最后一个项目涉及对高效枢纽来说必不可少的分拣和装卸系统的研究。

最后，回到 Modulushca 项目，它不仅旨在研究问题，还设计出第一套满足消费品包装需求的小型容器。

🔍 推行实物互联网的第一个障碍：单个容器的填充率

罗素·梅勒团队在美国开展的工作涉及一个重要问题：模块化容器数量的减少是否有可能导致单个容器内空间的损失，从而与整体效率背道而驰？

为研究这个问题，该项目[①]由美国国家科学基金会（NSF）部分资助，从一组快消品开始（见图66），这些快消品目前采用商业包装（初级包装）和盒子（二级包装）包装。由于初级包装尺寸的多样性以及每个二级包装要求的单位数量不同，每个零售商都会收到数百种二级包装尺寸，而大型消费品公司也几乎收到同样多的二级包装尺寸。当然，由于包装尺寸的激增，这些二级（甚至适用的三级）包装尺寸之间没有模块化。

这种情况的出现，源于对填充二级包装的需求（没有空气——在某些情况下需要产品本身提供负载的结构稳定性），因此，在这个级别优化尺寸。但是，一旦我们将产品混合在一个托盘上，我们就会发现托盘体积不足，更不用说堆叠托盘的问题以及由此影响的托盘稳定性。

通过提供有限的模块尺寸选择，实物互联网可以摆脱这种情况。因此，假定在项目中保持不变的一级包装必须最好地安排在每个优化方案中建议的必须放在每个优化场景拟议的实物互联网容器组合中。不过，容器之间的排列不会损失空间。下图说明了这两种方法。

---

① 授权号 IIP – 1032062 和 IIP – 1031956。

进行试验和排除障碍

图66 在 CELDi 的许可下，包装尺寸方法的比较

因此，研究的问题是：考虑一组给定的产品和模块化容器，哪种包装尺寸调整方法最能充分利用空间？

该项目考虑了多个数据集，每个数据集都有数百个二次包装选择。对于模块化容器，研究人员允许根据下表中列出的候选尺寸进行尺寸组合。这些候选尺寸选择产生了432种组合，团队执行的优化程序总是会推荐不到20种容器尺寸，这将避免在组合货物和管理容器池时出现问题（见表18）。

181

表 18　在 CELDi 的许可下，候选尺寸为 1.2 米 × 1.2 米 × 2.4 米

组	x	y	z
1	1.20 米	1.20 米	2.40 米
2	0.60 米	0.60 米	1.20 米
3	0.40 米	0.40 米	0.80 米
4	0.30 米	0.30 米	0.60 米
5	0.24 米	0.24 米	0.48 米
6	0.20 米	0.20 米	0.40 米
7			0.34 米
8			0.30 米
9			0.27 米
10			0.24 米
11			0.22 米
12			0.20 米

使用优化算法进行的研究表明，与目前的包装产品然后将它们堆放在托盘上的方法相比，整体体积增加约 10% 是可能的。实际上，在箱子级别上，虽然模块化方法"失去了"，但在托盘级别上，"赢得了"超过足够补偿这种初步损失的收益，如表 19 所示（Meller et al., 2012）。表 19 证明了这个结果，通过在当前数量和采用数量之间添加加减乘除等算法来增加二级包装的组成灵活性。

表 19　在 CELDi 的许可下，根据包装中消费单位数量的变化测量的填充率

单位：%

差异	当前系统			模块化容器		
	单品/箱	箱/托盘	单品/托盘	单品/容器	容器/托盘	单品/托盘
±10%	88.9	69.5	61.7	67.9	100	67.9
±25%				68.4	100	68.4

续表

差异	当前系统			模块化容器		
	单品/箱	箱/托盘	单品/托盘	单品/容器	容器/托盘	单品/托盘
±50%				69.8	100	69.8
±100				70.0	100	70.0

考虑到当前的所有限制因素，这项研究表明，总体收益接近 10%，这是一个好的结果。当然，如果初级包装是在实物互联网中设计的，并且基于所采用的容器的尺寸，那么这个收益可能会更大——理论上高达 40%。

探索枢纽设计：一个物料搬运行业支持的项目

继法国的 OpenFret 项目、美国的 CELDi 和加拿大的 CIRRELT 开展的工作后，在北美开展了一个项目，旨在更详细地设计枢纽，特别是使用 3D 建模。该项目得到了物流行业中心——物流公司的贸易协会的支持。

该项目试图描述几种类型的 PI 枢纽，包括公路运输（拖车点或移动容器交换点）枢纽和配送枢纽，它们可以同时支持不同公司的越库作业。3D 建模也适用于公路/铁路枢纽。

图 67 说明了道路枢纽布局。该枢纽接收货车（也称为"拖拉机"）和拖车，一旦接收，便将拖车留在提供的区域。此操作完成后，如果拖车仍在使用中，它将被分配到另一个区域，另一辆拖车会在那里等待它。

实物互联网：物流网络的网络

图 67　中转中心设计示例，经 CELDI 和 CIRRELT 许可

这类枢纽主要缩短了长途旅行时间，同时避免出现多个司机。这些设施可以让司机离基地更近。这一点在北美尤为重要，因为那里的长途司机每年的周转率约为 100%（甚至更高）。拓展这种已在公司内部得到实践的方法，还可以将交付期减半。

除此之外，还开发了一个模型，根据泊松（Poisson）定律的统计分布来考虑卡车的到达，根据一天中的不同时间以不同的节奏到达，每周有 4000 辆卡车从 8 个可能的方向驶来。最终，提出的解决方案使拖拉机和拖车平均在 30 分钟内得到处理，87% 的拖拉机驶往首选目的地，0.5% 的拖拉机被拒之门外，以上全部使用 24 个操作区。

研究的第二类枢纽涉及 OpenFret 项目的公路/铁路枢纽。在这里，项目的重点是三维建模和将要实施的流程，因为在之前的项目框架内已经对其性能进行了初步评估。

图 68 是具有相关道路通道的公路/铁路枢纽的一种可能布局。

进行试验和排除障碍

图 68　公路/铁路枢纽设计示例，经 CIRRELT 许可

该模型还详细介绍了已经提到的 Flexconveyor 模型上枢纽的公路/铁路越库和容器分拣部分。图 69 说明了此应用。

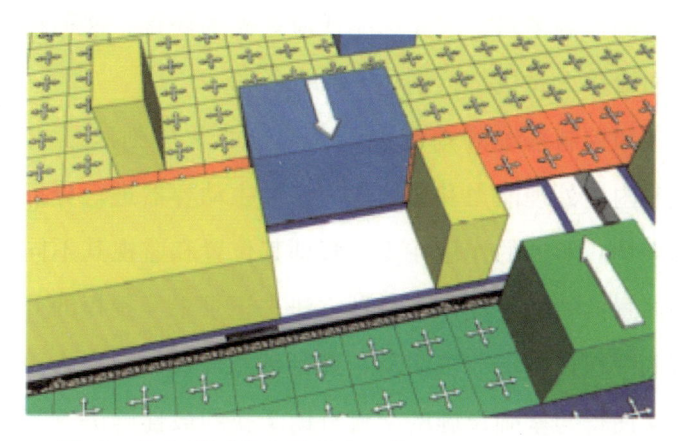

图 69　公路/铁路枢纽的越库细节，经 CIRRELT 许可

最后，这类枢纽似乎能够在半小时的移动中装卸拥有 30 节轨道车的火车，达到容器容量的 1/3，并分 4 个阶段处理列车。容器为确定实际容量和相关运输尺寸，必须定义上述装卸工具的操作。这正是下面 PI–Nuts 项目开展的目的。

185

🔍 铁路枢纽管理逻辑的定义：PI–Nuts 项目

虽然可以基于现有技术构思互联物流操作来测试路由原理，但对于处理实物互联网的容器，这些技术并不是最适合的。

PI–Nuts（实物互联网越库 hUb 控制系统）项目的存在，反映了"敏捷"路由中心的控制算法，它对实物互联网来说既高效又稳健。这主要是由于在"越库"操作中装卸"智能"容器而有所不同。这些配备仪表的容器能够相互通信，考虑到它们的环境，它们能在有关路由的各种决策中发挥积极作用。这种内置智能被用来开发一个很大程度上分散的控制逻辑，因此更能适应规模的变化。这种越库也使用原始的双向输送方式执行，例如 Flexconveyor[①]。

从管理和控制系统的角度来看，这也非常深刻地影响了装卸方式。由于其内置处理能力和通信能力，由主动容器进行分拣，而不是集中控制架构。容器的作用在于，管理其位置和监视其不同进程的状态。这种内置的智能还提供了一种方法来记录未经授权的开口，可以检测到这些开口以打击非法活动，并管理意外目的地变更等。在现有情况下，这使得与基础设施的交流有助于找到最佳解决方案并在下一个枢纽予以实施。降级的管理可以利用这些新的决策能力。在大型分拣设施中，并不总能容易检测到堵塞，而堵塞会导致任何纠正措施变得漫长而困难。由于容器的内置智能，如果它偏离了轨道（例如，由于输送机组件故障导致的方向不正确或过早停止），它将能提醒监控

---

① 在 YouTube 上观看演示该技术的影片：http://www.youtube.com/watch?v=nkWHI3xSrOM。

器，监控器将能够考虑到这一事件，并修改其到装载站点的轨迹，前提是路由中心的架构包含了这些可能性，因此可以提供替代方案。为此，容器不仅要相互通信，还要与枢纽的其他组件（例如输送机和装卸码头）进行交互。

图 70 说明了在传输网络中断的情况下重新安排容器路线的场景。

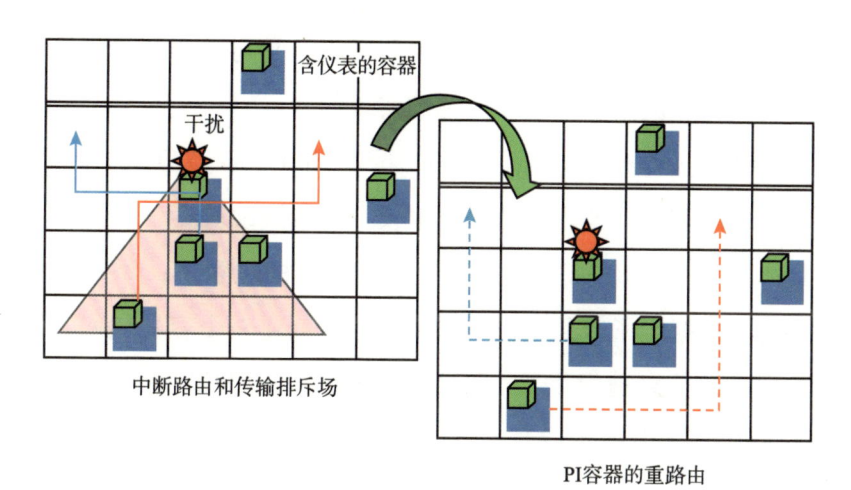

图 70 经 PI – Nuts 项目许可，在中断事件中动态重新路由

这种分散式架构将在软件演示器上实施，该演示器将处理公路/铁路枢纽的不同组成部分，从而允许大规模测试操作并验证该方法。该演示器基于多代理仿真平台的使用。

OTC – KAYPAL © MR：提高开放回路中物流容器的可追溯性

OTC – KAYPAL © MR（开放的跟踪容器）项目利用由项目合作

187

伙伴公司得斯玛（DS Smith）开发的 KAYPAL © MR 纸板物流容器，并使用 4S 网络（Network）委托的网络（Web）服务进行批量管理，以添加无源 RFID 电子标签。物流容器的系统化标识，实现了从散装管理到单独管理的转变，从而测试陆运物流中单独监控容器的实用性。

该项目的独创性并不在于对众多设备的单独监控，而在于这种监控是在一个开放的框架内实现的，换句话说，是与多个利益相关者一起利用物联网和网络应用程序的标准实现的。

该项目已获得 Nov@ Log、Mov'eo、SCS 和 Picom 竞争集群的批准，并在单一部际基金框架内由法国国家投资银行资助。

具体而言，RFID 标签是在物流容器制造的过程中，添加到物流容器上的。根据电子产品代码（EPC）标准创建一个容器代码，当它投入使用时，信息被提供给 EPC 信息服务（或 EPCIS）。EPCIS 与任何 EPC 一样，是由项目成员 GS1 定义的架构，它受益于物理对象的扩展编码。这一切都构成了 EPCglobal 标准的一部分。因此，EPCIS 的作用是允许属于不同公司的各种应用程序在安全、结构化的框架中共享物理对象（在这种情况下是物流容器）及其背景信息。容器这一切都基于负责为物联网建立协议的 IETF（互联网工程任务组）的建议。该架构的原理是，将地面捕获的事件在互联网上进行结构化和共享。例如，一个事件可能是在公司站点收到一个容器。因此，它的特征为操作的时间、地点和性质。

该项目有几个目标：
○ 验证与实地事件捕获及其利益相关者处理相关的信息链；
○ 衡量过程的可靠性；
○ 衡量由单独监控 OTC 容器引起的性能改进——由于更好的监

控和更有效地重新定位，这里的目标是确保容器在生命周期中的额外轮换；

○ 定义额外的服务，利用来自 OTC 容器的可追溯性信息，例如监控产品；

○ 最后，为了验证经济模型——利润是否能够覆盖所需的投资？

据了解，OTC – KAYPAL Ⓒ MR 项目立足于产业发展，同时提供技术答案并对实物互联网某些原则的可行性进行试验，例如容器的可追溯性、容器与内容之间的关联、重新定位的作用等。

为此，该项目对参与测试的客户在其物流业务中使用的 KAYPAL Ⓒ MR 托盘进行了实验性标记。图 71 说明了服务和试验中包含的操作。供应商根据自身需求将 OTC 发送给制造商。这些交付生成指示容器已发送的事件。然后制造商使用这些容器将他们的产品发送给零售客户。同样，事件用于监控操作顺序，并可能以电子方式将产品与每个容器相关联。产品由零售商接收，他们使用另一个系统将产品发送到他们的商店，从而释放容器。然后接收者收集空的容器，这会产生新事件。收集后，容器会被检查，可能会被回收，并重新放置在供应商处以供进一步使用。

监控整个服务期，可以准确了解车队的状态以及未来新用途的发布。这样可以避免响应在不需要时投入新容器。它还可以更好地了解需求，同时提供本地容器，以便重新定位它们，相当于路由，为此，我们开发了一类算法。

该试验需要引入基础设施和涉及相关物流服务商的协作。基础设施包括 Orange 在其服务器上安装的 EPCIS。在地面上，它利用了多种事件捕获解决方案，包括 OTC 容器从下方通过的探测器和装有球拍的智能手机。后一种解决方案允许训练有素的司机或接收代理人无论

实物互联网：物流网络的网络

身在何处都能快速、独立地接收信息。参与该项目的服务商，是 ASTRE 承运集团和弗玛物流（FM Logistic）。项目框架内报告的所有信息均由 4S 网络使用 Web 应用程序进行处理，该应用程序利用个人监控来提高拟议服务的效率。目标包括，更好地识别损失和最重大损失发生的地点，从而以最精细和更有针对性的方式减少损失。处理收集到的信息，还必须使数据能够被解释，以最好地预测要作出的决策，从而优化容器的轮换。

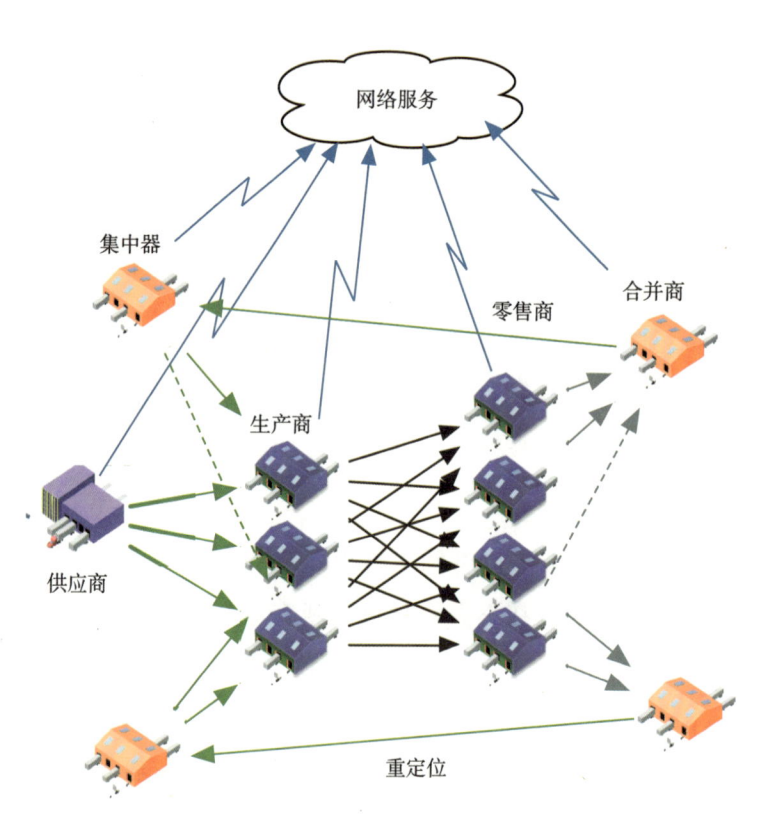

图 71　OTC – KAYPAL ⓒ MR 项目中的 OTC 容器循环，经 4SNetwork 和 OTC – KAYPAL ⓒ MR 项目许可

🔍 CRC ⓒ服务：与零售配送合作试点的协同路由中心

CRC ⓒ服务（协作路由中心）项目寻求在零售配送领域利用实物互联网架构，但不使用模块化容器。这对于今天的任何试验都是必要的，因为还没有任何一套容器可以被大规模使用，以满足零售配送的需要。然而，路由器的原理是，将不同来源的货运流集中起来，将它们引导到一组目的地，而不触及内容（即，仅越库），这可能是有用的。这允许从同一制造商到位于同一地理区域的多个零售商的货运流，集中在路由中心的上游。同样，它可以对从多个制造商到一个零售商的货运流进行分组。因此，目标是在保持甚至增加交付频率的同时，实现上游和下游的货车满载。为实现这一点，如模拟所示，物流效率的提高（更好地利用运输、减少处理和服务）必须通过 CRC ⓒ 为运输提供资金。

我们可以说，CRC ⓒ与标准越库配送非常相似。从实物的角度来看，这在一定程度上是正确的，因为托盘没有被拆卸和重新组装。然而，在本次试验中，越库不是代表一家公司执行的，而是多家公司。此外，鉴于随后推出可由不同服务商运营的 CRC ⓒ网络，越库将遵守一项章程，该章程必须允许任何托运人通过一个或另一个 CRC ⓒ，甚至两个（上游和下游）而无须进一步更改流程。章程的目的，还在于允许任何服务商声明托运人可以立即访问其 CRC ⓒ，并使其能够集成到其他 CRC ⓒ已经到位的"开放"网络中。这是对当前操作的一个相当根本的改变。

但要启动 CRC ⓒ试运行，我们必须先定义它的运作方式，并针对所发现的任何挑战，提出解决方案。这正是 4S 网络定义的一个三阶段项目的重点，该项目得到了 ADEME 的支持，巴黎科技矿业公司、GS1 和德米特俱乐部也为此作出了贡献。实际上，Déméter 俱乐部在 2012 年底首次征集创新项目时选择了这个项目。

Déméter 俱乐部的参与表明了零售配送人员对实物互联网概念感兴趣。通过试点，我们还可以根据自愿会员的实际流量进行分析，以衡量在特定地区建立 CRC©所面临的挑战。

因此，我们决定在法国四个具有鲜明特征的地区测试：法兰西岛、东南部、西南部和西部。我们在每一个地区中收集每年的年度货运量。通过这些基于假定中心位置的模型数据，可以用来比较在使用和不使用 CRC©两种情况下的表现。

在评估过程中，一个工作小组提出并讨论了运营章程。其目的是确定协作路由中心必须遵守的规范，以便从一开始就与货运托运人和收货人互动，并随后与其他 CRC©运营商互动。CRC©的内部运作仍由其运营商自行决定，这鼓励创新并提高其性能，从而促进其发展。

CRC©服务项目旨在证明，一个符合 EPC 标准、遵守相同章程、使用联合 Web 应用程序并由不同物流服务提供商运营的开放式 CRC©开放网络的出现，将使新的服务商（4S 网络计划成为其中一员）在区域、国家、欧洲甚至全球范围内向制造商、物流服务商、承运人和零售商提供"单点"服务。

Modulushca：在零售配送中设计和测试容器以及物流服务的互连性

前面"问题"部分提到的欧洲项目，也通过几次试验为定义实物互联网的某些组成部分作出了贡献。

■ 快消品的容器

该项目的核心组成部分是，设计和应用尺寸模块化、封闭、安全且可以锁在一起的原型容器。这些处于设计阶段的容器，将满足实物互联网的规范，而目前还没有任何集装箱能达到这一要求，这一点已在对最新技术的研究中得到证实。

有了这个初步设计，项目将提出第一个技术解决方案，然后从技术（强度、耐用性等）和经济角度（成本、填充等）以及供应链中的利益相关者（装卸工、承运人、生产商和零售商）的可接受性角度对其进行评估。

■ 互联物流的信息链

由于设计的容器旨在通过多个不同类型的物流服务商（第三方物流公司、邮政运营商、快递公司等）进行中转，因此必须在开放的环境中构思其可追溯性和管理。这意味着需要有一个系统可以向每个合作伙伴安全地发布正确的信息，这些信息基于他们的需求和对信息的获取权利。信息链从信息捕获、本地处理和格式化开始，然后是其他合作伙伴的安全发布和使用。

■ 合适的流程

用模块化的容器替换托盘和托盘层，这些容器可以相互连接形成块，可以更有效地利用空间，但也增加了管理构建块和装载到运输模式的过程的复杂性。因此，该项目将构建算法来定义组件，从而最大限度地减少装载运输方式、分类和路由工作。

互联试验

原型的制造以及合作伙伴制造商、物流服务商和邮政运营商（及其包裹网络）的存在为测试多种互联形式提供了机会。该项目研究了在实际流程中实施的具体机会。这些试验的目的是验证预测的收益，或者通过开放网络更好地填充现有运输工具，或者通过优化填充（净重和净体积）同时限制所需的处理量。

绘制路线图

🔍 主要物流方式

如图 72 所示，物流活动目前围绕着城市的基础设施（越来越多的货运流不断挤压空间）进行组织。为了根据这种空间竞争作出最明智的决定，我们需要很多信息。尽管如此，以下路线图的优势在于，显示了这些方法的必要融合，而这些方法往往仍然是相互独立的。

其他组成部分提供了大量的结构。

○ 第一个因素无疑是需求。现在的趋势是货运流越来越碎片化和装运次数在减少。无论是工业层面的准时制、零售供应的联合管理，还是互联网销售的爆炸式增长，在装配线和个人层面，一切都在朝着越来越碎片化的货运流和细微交付的方向发展。物流还必须更加灵活地响应这些问题，同时考虑多渠道甚至跨渠道零售采购（最近称为全渠道）。未来的供应网络将不可避免以这些发展作为基础。

○ 第二个因素涉及订单和库存管理模型。这些工具最终会根据消费者需求以交货期和运输数量的形式塑造物流需求。由于各种外部因素而改变这些做法将影响物流需求。

实物互联网：物流网络的网络

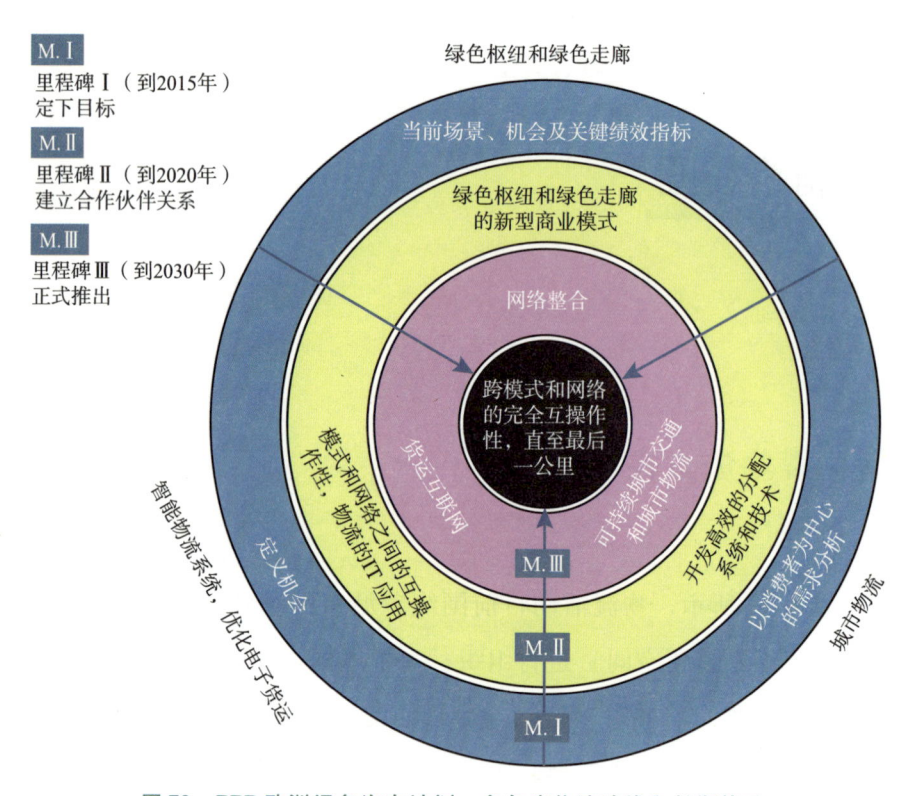

M.Ⅰ
里程碑Ⅰ（到2015年）
定下目标

M.Ⅱ
里程碑Ⅱ（到2020年）
建立合作伙伴关系

M.Ⅲ
里程碑Ⅲ（到2030年）
正式推出

图72　PPP欧洲绿色汽车计划、多年度物流路线和长期战略

○ 第三个因素涉及物流中的人为参与，尤其是装卸。这些操作很耗体力，而且越来越受到监管（托盘的最大高度、一个人可以承受的最大负载等）。运营商如何考虑这一因素，将决定物流运营的竞争力，从而改变运输、储存和卸载/重新装载之间的平衡。

○ 第四个方面是监管。与人力一样，法规也给物流网络的组织带来巨大影响。无论是对一种运输方式征税，还是禁止重型货车在境内过境，都对供应链的发展产生了重大影响。

在上述因素中，我们无疑可以预见需要在具有更低环境影响的车辆上逐渐整合这些货运流，需要引入枢纽以更好地利用运输手段。在这些枢纽内，这些因素将通过提高自动化程度来刺激卸载/重新装载的生产率。

🔍 推行实物互联网需要克服的障碍

由于其创新性，实物互联网将面临众多挑战。文档的这一部分，重点介绍了引入实物互联网的一些最重要和关键的步骤。

■ 定义容器

作为系统的关键组成部分，容器在多个层面上构成了对设计的真正挑战。第一个是不同容器的尺寸，它允许有足够的范围来减少通过内部填充造成的空间损失，而不会引入太多的多样性，这和管理不可分割。容器的设计还必须考虑容器的厚度，以便在容器具有不同尺寸时实现真正的模块化。例如，一个12米长的容器内的净空间比两个6米长的容器（宽高相同）的净空间大两倍。

除了容器这些限制因素，而且至少在开始时，还要面对用模块化容器运输货物所产生的制约因素。

这似乎令人惊讶，尽管根据各种标准的制定时间，可以证明这一点是合理的，但欧洲托盘不是容器或货车拖车的模块化，而且容器和货车拖车本身并不能很好地组装在一起。在存储和搬运方面，这种不协调导致物料搬运设备需要非常灵活。在确定模块化容器的尺寸时，需要考虑所有这些因素。

除了容器的确切尺寸外，还必须设计将它们组装在一起和搬运的

实物互联网：物流网络的网络

方法。也就是说，由于连接容器的目标是减少搬运，因此优先考虑设计具有自动激活功能的容器，尽管手动激活也可能减少搬运。

最后一个重要的细节是，容器的能源供应。实际上，一旦我们希望从偶尔的数据捕获中扩展，就需要有一种能源来捕获、处理、存储这些环境信息并进行通信。根据其大小和需要，有许多解决方案可以为容器提供能源，但没有明显的解决方案。电池、物理连接、能量场以及这些技术的组合，构成了相当大的挑战，这与物联网共同面临的挑战是相同的。

这些细节是需要解决的重要问题，并且比机械和化学耐受性、安全封闭等其他问题更具挑战性，这些问题似乎更接近标准化。

■ 相关的物理资源

容器的补充是一组相关的处理机制，必须与它们一起设计，以便在装载、转移、输送和存储容器的常规操作中优化搬运。

用于搬运的工具的设计也是一个主要挑战，因为它必须能够以令人难以置信的幅度提高生产率，以使这些操作成本低至可接受的范围。运输容器是标准化工具在搬运方面取得进步的一个有启发性的例子。

最后，在设计时必须时刻记住，所有这些都是系统的组成部分。为了说明这种潜力，请想想我们当前系统的各个方面不是同时设计的。也就是说，考虑到货运（火车）车厢和集装箱，装卸功能完全在车厢之外，对车厢的装卸没有任何帮助。在这种情况下，可用的解决方案包括龙门起重机和堆垛机（一种大容量叉车），它们不能用于架空线下的搬运。因此，将容器装载到车上需要更换轨道以改用柴油，既耗时且成本高昂，或者需要特别复杂的机器人系统负责将容器提升几厘米，以便机械臂从下方通过并充当叉车，容器将被降低以便从车上转移。很容易看出，此类解决方案不利于提高生产率、可靠性和经济性。一辆能够将负载提升几厘米并转移的车总体上会更有效。此类技术的发展，是实施枢纽运营所需的大规模分拣机制的先决条件。

信息交流障碍

虽然随着物联网的发展，许多跨国公司和研究计划都被动员起来，我们对克服这一障碍寄予厚望。但是，物流领域有其特殊性，对环境的要求很高。

数据采集受到各种需求的影响，特别是在存放大量产品的仓库中，其中一些产品会反射电磁波，另一些则会吸收电磁波。捕获（"读取"）这一操作必须非常可靠，以确保系统的一致性。信息的可靠性不仅关系到实物互联网的运行，也关系到用户对系统的信心。因此，当我们认为必须以可接受的成本实现这一点时，如何保证容器数据的捕获及其保真度，是另一个挑战。

一旦以电子方式确定了物流单位，就必须组织此信息，以便所有利益相关者（国际货运流中数量可能非常多）都可以根据其工作环境来保证访问权限。因此，附在容器上的信息，远远超过官方电子运输和清关文件中包含的信息。许多项目都关注这个话题，特别是 UN EDIFACT、GS1 的 EPCglobal 和欧洲的 iCargo 等研究项目。在此值得指出的是，实物互联网提供了一个简化程序的来源，它只对作为特定物流对象的集装箱进行直接监控，而不是对其内容物进行监控，后者是单独组织的主体，两者在使用期间是连接在一起的。

从它可以在物联网和互联网上被访问的那一刻起，物流信息将需要特别严格的权限管理。事实上，如果我们设想容器的所有者在第三方使用容器时，可以完全和永久地访问其位置，即使不知道确切的内容，通常也可以从其位置推断出来。同样，监控一组容器可以通过映射其货运流来推断有关区域或部门经济活动的信息。因此，通过适当的权限管理来保护这些数据，是另一个需要考虑的挑战。

标准化

物流设备目前非常多样化，部分原因是物流活动的种类繁多。由于物流设备是在不同的地理区域独立发展起来的，因此它们之间存在着大量的不兼容性，除非是巧合。最引人瞩目的例子，来自标准海运容器，其宽度只有几厘米，无法并排容纳两个1.2米的托盘，因此需要人工装卸。

每个细节，如尺寸、附件和通信设备（仅举最明显的例子），都必须符合在全球范围内建立的开放和一致的标准，以确保其具有互操作性，从而最大限度地减少与每个接口相关的损失。

定义认证环境

除了实物互联网组件的标准化之外，独立利益相关者进行的各种性质的操作网络化，可能会带来许多分歧和误解，无疑会降低实物互联网提供的服务的整体质量。应采取的方法是行业和专业认证，这将为持有认证的人员规定最低实践水平。物流，尤其是实物互联网，只有通过一定程度的要求，才能减少纠纷，从而减少保险费，同时提高其人员的资格水平。

■ 定义互操作性流程

实施开放环境，可能会将网络运营商之间的货运流交换增加几个数量级。这些交换目前仍然相对困难，因为它们启动了许多行政程序，旨在确定新责任方接管货物的确切条件。这些过程的简化，如自动化，也代表了一个需要克服的障碍，这样一来，从一个操作员转到另一个操作员不至于成为阻碍。

但除了总体上是标准的传输之外，它还涉及发明与当前网络相关的横向过程。为了说明这一点，让我们以邮政包裹网络为例。每批货物，都需要一个无法修改的最终目的地地址。相比之下，许多工业物流网络没有指定装运的终点，因为它在开始时是未知的，但会随着装运在网络中的进展而确定，另外，装运本身可能会在运输过程中被分割和重构。需要定义和确定允许从一类网络传输到另一类网络，并使所有功能出现在实物互联网中的整个过程。

■ 新的网络管理工具

据了解，实物互联网为管理供应链创造了全新的机会。不论是在单位分离、滞后的关联需求方面，还是在市场分布的储存、动态分配的运输与储存手段以及容器的组合形成配送等管理职能领域，都需要基于与当今已有范式截然不同的工具和范式来进行改变。之前的管理模式通过分配一组本地化的库存来应对客户需求，虽然有可能降低场地之间的相互依赖性，但并不能减少应对某一特定需求所需的资源。

实物互联网：物流网络的网络

无论是从托运人的角度还是从枢纽的角度来看，运输工具的管理，都可能在实物互联网的动态环境中发生巨大变化。对于托运人而言，选择路由服务可以根据需要以不同的速度管理货运流（在较慢、更环保的运输方式中具有良好需求可见性的产品，辅之以更快的方式以避免短缺）。事实上，如果您考虑如今任何单一产品的大批量运输，所有产品（将在一段时间内被下游消耗）以相同速度运输是否有意义？这些枢纽将以不同的方式利用资源，既有常规线路，也有现货请求，可以在很短的时间内将容器分配给最合适的承运人。

■ 利益相关者定位和经济模型

这里描述的物流系统，将相当深刻地影响许多运营商的战略。因此，一些物流服务网络经营其盈利业务的地域规模，即使没有消失，也需要重新专注于一个特定领域，例如，减少地域覆盖。这种活动实际上已经在城市物流中进行，专业服务商正在定位自己，从而补充他们必须以某种方式与之交互的其他服务。

同样，从物流的角度来看，零售商的业务包括向客户提供一系列选定的产品，他们看到来自互联网的新利益相关者甚至本地或非本地生产商的直接竞争，这些人希望更直接地进入市场，但缺乏实现这一目标的工具。

生产和零售业正在发生的变化可能会像过去一样强烈地改变它们的定位，从货运转向物流，无法重新定位的利益相关者将蒙受巨大的市场损失。

在实物互联网中，商业模式可能会受到严峻挑战。订货客户或托运人带领着运输服务商，与收货人没有直接的业务关系。因此，由于货运流的变化，参与城市运输的各方正在增加，没有利益相关者能够提议合并交付，这些交付可以向具有不同服务水平的接收者开具发票，并且向接收者交付的数量只能以体积或重量计算。

文化的变革

除了技术方面，在复杂性或投资方面也不容小觑，很明显，真正的难点是采用新系统所需文化的变革。在演示过程中，所提出的问题是，基于当前运营的实际情况，这不是适当的评估框架。因此，有些人想知道，实物互联网如何独立于其他利益相关者而集成到他们公司的运营框架中。例如，如果他们使用 PI 容器代替托盘，如何装满货车？此外，它们应该基于什么类型的托盘？将如何使用托盘架？如果我们看不到产品，我们怎么知道选择了正确的产品？我们可以举出更多例子来说明在新框架内会出现的问题。

这种困难更大，因为它与迄今为止牢牢扎根于物流服务商文化中的组成部分相违背。

物流是具体的活动。我们有货车和仓库。即使业务是外包的，其范围也是已知的和可管理的。这方面随着实物互联网而消失；物流变得"虚拟"。在某种程度上，它归结为从您的私人车辆转变为进入使用多种共享资源的时代。放弃永久可用的私家车，转而支持共享服务，在理论上可能很困难——即使最终移动解决方案可以提供相同的可用性，但实际上并不能事先保证。

物流是一项服务，因此，它接受强加于它的约束，迎接挑战以应对这些约束，并且一般来说会成功。因此，我们看到了不到 4 天、2 天、1 天、8 小时等的交付期，市中心的记录是接近半小时的交付期。

实物互联网：物流网络的网络

当然，还有没有最低购买额的免费送货，这加强了物流不重要的观念。

它对环境和资源消耗的直接影响，很可能使我们在不久的将来改变对这个问题的看法。由于其在价值链中的重要地位，已经使生产重新配置的物流服务，必须在战略、营销和产品设计上发出自己的声音，以表明其局限性。

结　语

　　物流的一大优势和局限在于其适应约束、情况和客户需求的能力。由于供应链在我们现代社会中意义非凡，物流在最前沿的出现，也促使我们将其视为一个系统，并重新定义其概念、一致性、工具和流程，使其不仅成为竞争力的一部分，也是可持续发展的一部分。

　　本书提出了一个概念，尽管基于对当前物流活动的分析，但提出了一种完全不同的物流组织视角，即通过提议寻找连接物流服务的方式。因此，这种创新可能被视为与当前组织方式相悖。确实如此。这也是引入这种系统性创新的难点之一。

　　因此在这项初步研究中，除了概念外，我们还努力探索这种系统的特征，无论是单纯从其性能数据（交货时间、库存水平、运输工具的填充率等）还是对环境的影响（通过减少排放等），都需要展示这些分析的初步结果，以证明实现必要转型以及相应的 2~3 倍的减少浪费的回报是切实存在的。

　　此外，我们试图阐述的这些挑战只是相对于该系统整体潜力的一部分。因此，改变装运尺寸、存储、对电子商务的影响、多渠道和跨渠道配送等问题仍有待探索。同样，环境和社会的总体影响在很大程度上仍有待研究，以真正评估此类创新的引入，我们现在知道这种创新对系统性能有潜在的积极影响。

　　实物互联网的核心是互联，现在必须引入技术解决方案来实现这

实物互联网：物流网络的网络

一概念。

该方法的基本组成部分是，实物互联网的模块化容器系统。这给共享网络创造了条件。它是评估现有惯例和特定要求外的实际需求。

设计这个模块化容器系统，不仅是为了在一个更开放的系统中创造一个私人空间，还为了标准化地测量货运流和搬运操作，从而降低其成本。事实上，通过标准化来降低卸载/重新装载的成本是一项重大挑战，因为这可能带来更多这些操作，从而更好地利用运输和物流网络。

与容器的通信也是一个关键组成部分，因为它对于确保利益相关者具有可见性、可追溯性和决策能力至关重要。它也是通过互联网上操作的可见性来建立对系统信心的关键因素。这种沟通显然需要一种不同的上游方法来处理当前在订购客户、客户和服务提供商之间相互连接的信息系统，以及所有可预见的损失。

很容易看出，这样的结构将更依赖组织和人员能力水平的提升。使用认证工具的生产促使方法和人员的进步。供应链必须为这些操作做同样的事情才能获得认证，从而带来所需的互操作性、质量和可靠性。

最后，为了充分发挥这种新组织提供的潜力，物流运营管理流程也必须发生彻底变革。每个行业、每种交通方式，甚至每种服务的法规和实践，都是专门为这些活动而设计的，最终构成了需要克服的障碍。在这一领域，公共利益相关者（州和地区委员会）在鼓励发展方面将发挥重要作用，一方面通过检查阻碍必要变革的障碍，另一方面通过制定促进双赢局面的激励政策。

可供研究和开发的领域很多。虽然有限，但这些初步结果显示了一些主要问题，这些问题鼓励我们不仅继续研究这个系统的组成部

结　语

分，还要继续讨论其在当前物流背景下实施的条件。事实上，这一举措存在双重性，既要与当前的利益相关者合作推出一种新的物流组织形式，又要与他们保持距离，以免陷入局部最优。

由于当前的解决方案在很大程度上取决于特定部门，因此需要进行大量针对特定部门的研究，以表达每个部门的实际限制并提出解决方案，这些解决方案在坚持实物互联网的初始概念的同时，将适用于不同的部门。例如，汽车行业的物流非常重视服务质量和交货时间，因为该行业对短缺特别敏感。航空航天、纺织和食品行业则不会关注这些要求。

很难预测该领域在未来会有什么进展。然而，我们迫切需要改变物流和供应活动的设计，以形成更加共享和相互关联的网络。在这方面，人员流动工具的发展，表明一种趋势：在一次行程中整合不同模式（多式联运行程计算、联票等）和共享资源（从收费站租车、汽车共享等）。网络活动的这种改进绝对是显著的，也绝不能被低估。举个例子，Blablacar，一家成立于2006年的公司，在5年内成功在法国创建了一个拥有100万会员的网络，现在每月"运送"35万人；相当于1000列高速列车的运输量（不到100个工作人员），而且无须对基础设施进行投资。相反，这项服务以边际环境成本提供了灵活性。

我们注意到，在这种情况下，存在一些机制，比如社交网络，这些机制引导越来越多的人相信与陌生人拼车。现在我们需要找到那些关键机制，以实现货运行业的同样的效果。

物流仍然被许多利益相关者视为内部竞争力的一个因素，但这种思维限制了物流本身的竞争力，并最终惩罚了整个经济和国家。本质上，物流是一种网络活动。今天，由于本质上的历史原因，这些网络是根据旧范式构建的，并且是集中的、专有的、专业化的等。在我们看来，现在必须致力于改变物流，使本书中描绘的开放、全球物流系统的愿景不仅仅是一个有趣的研究合作伙伴之间的对话，而是全行业努力实现使物流更加经济、环保和社会可持续的开始。

术语表[*]

地址	用于识别允许明确定位的实体的正式代码（例如，邮政地址和互联网地址）。对于物流和实物互联网，它们必须附有一个 GLN（全球位置编号）类型的地址，用于定位公司内的制造站或库存位置，该地址本身已被识别和定位
	数字互联网：另请参阅互联网的 IPv6
B 到 B	"企业对企业"的首字母缩写，表示专业实体之间的商业活动
B 到 C	"企业对客户"的缩写，表示专业实体与消费者之间的商业活动
驳船	载重吨位小（平底）的船，用于运输货物，主要用于内河的货物运输，自行推进或由另一艘此类船只拖曳前进
容量	实物互联网：实物互联网组件执行与给定容器类型相关的指令的能力，这些指令与其尺寸、重量或特性（危险物质、受控温度等）有关
云端	数字互联网：可通过互联网访问并由维护它们的供应商提供的一组设备和服务。用户付费使用，但不知道供应商使用的是什么资源
快消品	普通消费者短期消费的商品，需要经常购买或更换
容器	物流：具有标准化尺寸、处理方法和连接方式的容器，专门用于不同运输方式的搬运
越库	从进入的运输工具（半挂车、卡车、轨道车等）卸载货物并将其直接重新装载到离开的运输工具（相同或不同）的物流活动，在卸载和重新装载之间很少或没有涉及存储。执行此操作以更改运输类型，根据不同目的地对货物进行分类，或将来自多个起点的货物组合到同一目的地或对其进行路线选择
数据报	数字互联网中信息的最小公分母（也称为"数据包"）

---

[*] 除非另有说明它所涉及的领域（例如，数字互联网、实物互联网或物流），否则所提供的定义是通用的。

续表

发现服务	EPCglobal（"电子产品代码"）的组成部分，用于访问与货物可追溯性相关的所有信息的服务
配送中心	配送中心是一个接收货物并根据客户要求重组后重新发货的建筑。货物可以直接从卸货码头存放或转运到装货码头；这是越库。配送中心执行的功能与 PI 枢纽相当，但没有互联，因为它是为单一公司运营的
下游	物流：到达最终目的地的过程中的一步
EDI（电子数据交换）	计算机之间的一种有关商业交换的数据交换模式，使用标准化网络和格式
封装	数字互联网：将数据从一种协议转换为另一种协议进行传输。然后可以将互联网协议及其数据引入本地以太网的协议中
	面向对象编程：保护对象中包含的信息，以便只搬运该对象
	实物互联网：将货物包装在 PI 容器内。指定一个物流系统，在该系统中，操作员不再搬运货物，而只处理无法访问内容的容器，PI 容器可以从一个网络切换到另一个网络
端到端	预先确定从发货人到最终收货人路径的路由机制
EPCglobal	"电子产品代码"：一套 GS1 标准，使全球追溯系统能够在供应链中实施。它结合了 RFID 技术以自动捕获互联网技术的数据，并共享这些数据。它代表了一种已知的物联网形式
EPICS	"电子产品编码信息服务"的缩写，一组标准化的电子接口，允许独立的数据库与其自身的追溯功能互联
ERP	"企业资源规划"的缩写。用于调度和管理公司流程和资源的集成管理系统。它将公司的所有功能都包含在一个可在客户端-服务器模式下访问的集中式数据库中
集散船	小吨位船，用于将由大型船舶带入主要港口的货物分到不同的港口，停靠不多，然后收集运往主要港口的货物
填充率	与货车拖车、火车车厢等相关的已用容量比例。该比率以重量或体积衡量。官方统计数据只收集重量
货运流	起点和终点之间物流单元的吞吐量。示例：每周从 A 到 B 的 x 个托盘
分层寻址	地址可以分为不同部分的寻址模式，每个部分标识一个更细的粒度级别

枢纽或 PI 枢纽	物流：负责将货物从一种物流服务转移到另一种物流服务的物流中心。这也可能涉及不同的运输方式
	实物互联网：实物互联网中的一个节点，其中 PI 容器从一种物流服务切换到另一种物流服务，即两个物流网络之间的网关，运输方式的改变，车辆的改变，耦合/解耦等
Incoterms	"国际贸易术语"的缩写，它指定由巴黎国际商会标准化的一套规则，这些规则使采购商和供应商承诺参与国家和国际层面的货运交易。特别是，国际贸易术语解释通则规定了所有权变更的时间点、运输和手续的责任以及与运费相关的费用和风险的分配
多式联运（形容词：多式联运的）	在同一趟行程中连续使用不同的运输工具。因此我们称之为多式联运。多式联运经常与多模态相混淆
互联	通过标准和协议连接独立的网络
（数字）互联网	基于一组标准化协议互联 IT 网络的系统，其中最著名的是 TCP/IP，用于路由数据包——标准化数据包。互联网提供许多服务，著名的例子包括电子邮件和网站
物联网 – IoT	物联网指的是一个所有"事物"都相互关联的领域。这种连接是通过为对象配备与其直接环境通信的能力来实现的。他们也可以被远程询问以了解状态。在这个框架内，可以设想物体由于传感器而对环境敏感，并且由于它们具有处理和通信的能力而变得"智能"，尤其是彼此之间（机对机）。例如，一瓶牛奶知道自己有多满，以及产品有多新鲜，并将这些信息传达给冰箱，冰箱会根据预期的消费算法下订单
IPv6	网际协议第 6 版的缩写，主要互联网协议的新版本现在接受 128 位地址，而第 4 版仅接受 23 位地址，它为将对象连接到互联网开辟了道路
层	一组项目（对象、功能、服务等）的功能模型（或逻辑模型）的空间表示，这些项目在同一"水平"分组，可能放置在其他两个相同类型的集合之间，从而创建相互连接的"垂直"堆栈
	数字互联网：OSI 模型使用的概念
	实物互联网：OLI 模型使用的概念
物流网络	由一组站点和连接它们的物流服务形成的网络。它是供应链的地理代表（见下文）
物流服务	物流服务是定期交易（可能有也可能没有直接的财务要素）的组织，以特定的频率、容量和能力将始发地与目的地联系起来

实物互联网：物流网络的网络

续表

机对机	"智能"对象之间通过有线或无线网络进行通信，无须人工干预
多模态（形容词：多模态的）	可以为两个地点之间的同一趟行程在多种交通方式之间进行选择。因此，我们谈论多式联运报价。多式联运经常与多模态相混淆
节点或 PI 节点	图形上连接两条或多条弧线的交点 数字互联网：在互联网中，它是一种电子设备，连接多个子网络，这些子网络的技术可能相同，也可能不同。如果子网属于同一运营商，则它是内部路由器。如果不是，则它是边界路由器，并且对等运营商之间的协议与所讨论的每个外部网络相关联。在网络的两端，一个节点对应计算机、平板电脑等，称为主机 实物互联网：物流服务相互连接的设施。因此，路由、排序、耦合/解耦或容器存储发生变化的每个地方，都是实物互联网中的一个节点。这种变化可以在没有直接处理 PI 容器（PI 传输）或处理容器（PI 枢纽）的情况下发生。在网络的末端，一个节点对应于与其他服务或用途的接口，因此是 PI 容器（PI 网关）的加载或卸载。PI 节点始终将物理操作与流程相关联，该流程提供可追溯性、路由和操作员变更时的切换功能
OLI	实物互联网："开放物流互联"的缩写。这是一种将容器从一种物流服务转移到另一种物流服务所需的功能分层结构的拟议模型
ONS	EPCglobal 的组件，"对象名解释服务"的缩写。这是一个引用互联网上与特定产品相关的所有数字服务的机制
OSI	"开放系统互联"的缩写。这是一种将计算机之间通信所需的功能分层结构化的模型。该模型由国际标准化组织标准化，参考号为 7498
路径	在网络中为了加入两个节点而选择的路径 数字互联网：从节点到节点（在本例中为路由器，见下文）中选择的路由，以将数据包从发送信息的计算机传送到接收信息的计算机 实物互联网：从节点到节点（在本例中为枢纽、转运中心、港口等）选择的路线，用于将容器从装运点运送到目的地
对等协议	数字互联网：对网络货运流的互惠开放。这是合作伙伴访问供应商的子网络之间的协议。其中一些协议最初是基于互惠的，没有经济补偿
实物互联网	一个开放的全球物流系统，建立在实物、数字和运营互联的基础上，并具有为提高效率和可持续性而开发的封装、接口和协议

续表

PI	"实物互联网"的缩写
PI -	应用于物体、站点、设施、设备、车辆、操作等的前缀,表示它是由实物互联网授权和认证的运营商实施的
PI 容器	专为通过互联物流网络交付而设计的容器。一个基本的 PI 容器必须可以通过物联网进行追踪,具有标准化的模块化尺寸,并且可以自动化方式与其他容器组装以创建 PI 容器组合
PI 网关	PI 节点的使命是连接实物互联网和不属于它的网络。一方面,它从其他 PI 节点接收 PI 容器并将它们发布到实物互联网之外。另一方面,它从实物互联网外部接收货物,并执行必要的步骤,为实物互联网内的货物做好准备
PI 中转	PI 节点用于从一种运输方式转移到另一种运输方式,而无须处理各个容器。例如,在两辆货车之间交换拖车
汇集	物流:多个托运人共享的物流资源(拖车、配送中心等)。目的是通过集中货运流来提高运输效率
协议	数字互联网:定义如何在发送方和接收方之间配置通信的一组规则。一般而言,协议广泛用于 IT 网络,尤其是互联网,用于定义消息的结构、目的地等。请参阅 TCP/IP
	实物互联网:构成实物互联网中容器移交和交付操作章程的一组规则
路由器	数字互联网:路由器是一种网络设备,其主要功能是引导数据包(即数据报)。它的作用是根据一组规则(协议)以最佳方式将数据包从一个网络接口传输到另一个网络接口。路由器构成了互联网的中间节点
	实物互联网:路由器是一个 IT 系统,用于计算要执行的物流服务并更新它们,以便 PI 容器可以到达其下游目的地。这是实物互联网中每个节点所必需的功能,尤其是 PI 枢纽
路径选择	实物互联网和数字互联网:选择网络中从托运人到最终收货人的最佳路径的算法
路由表	指定网络中最佳路由的数据结构。也就是说,从每个节点到网络中其他节点的最佳路径。路由表存在于数字互联网中的每个路由器上,并且必须可供实物互联网中的每个节点访问
服务商	为其他组织或个人提供服务的组织。例如,我们谈论的物流和 IT 服务商
堆垛机	用于从上方搬运运输容器,和从下方搬运移动容器的轮式物料搬运设备

213

实物互联网：物流网络的网络

续表

供应链	由组织、个人、活动、信息和资源组成的系统，按组织划分，致力于提供和交付产品和服务。 供应链是为响应下游客户的要求而设计的，包括了其上游实体
t.km	运输计量单位，搬运 1 公吨的货物 1 公里的距离（不考虑服务效率）
TEU	20 英尺当量单位的缩写。海运容器运输的计量单位。它基于标准的 20 英尺容器，外部尺寸为高 2.591 米（8.5 英尺）、宽 2.438 米（8 英尺）和长 6.096 米（20 英尺），约合 38.5 立方米。例如，一个 40 英尺的容器等于 2 个标准箱
货运流交换协议	实物互联网：物流服务商之间关于物流和信息流交换的合作协议，以及为各方提供报酬的机制
扭锁	由 ISO1161：1984 标准化的金属配件，以四个一组的形式使用，用于连接两个容器的上下四个角处
上游	物流：过程中的前一步，更接近源头
网络	数字互联网：万维网一词的缩写，由连接互联网站点页面的超文本链接组成
	实物互联网：由实物互联网相互链接的所有物流服务（运输、装卸、存储等）形成的万维网

参　考

🔍 作为 Predit 一部分资助的项目的报告

E. Ballot, B. Montreuil and M. Thémans. OPENFRET: contribution à la conceptualisation et à la réalisation d'un hub rail-route de l'Internet Physique [R]. MEDDAT, Paris, 2010.

E. Ballot. Simulation de l'Internet Physique: contribution à la mesure des enjeux et à sa définition [R]. MEDDAT, Paris, 2012.

🔍 互联网上提到的项目的报告或网站

■ 实物互联网思想领袖

http://faculty.ineg.uark.edu/rmeller/web/CELDi-PI/index-PI.html

Modulushca

www. modulushca. eu

CRC ©

http：//epcblog. wordpress. com/2013/11/14/projet – crc – services – ouvrir – une – nouvelle – voie – a – la – mutualisation – logistique/

OTC – KAYPAL © MR

http：//www. pole – scs. org/sites/www. pole – scs. org/files/documents/projets/Fiche%20projet%20OTC%20Kaypal%20MR%20v3. pdf

更 多

这本著作主要是基于在 Predit 4 框架内进行的两个研究项目。也就是说，本书的目的不是复制报告的内容，而是分享关键思想和主要结果。因此，有兴趣的读者可以进一步阅读如下报告：

E. Ballot，B. Montreuil and M. Thémans. OPENFRET：contribution à la conceptualisation et à la réalisation d'un hub rail-route de l'Internet Physique [R]. MEDDAT, Paris, 2010.

可从以下地址下载：

http：//portail. documentation. developpement – durable. gouv. fr/documents/Temis/0076/Temis – 0076297/20268_A. pdf

E. Ballot. Simulation de l'Internet Physique：contribution à la mesure des enjeux et à sa définition [R]. MEDDAT, Paris, 2012.

可从以下地址下载：

http：//portail. documentation. developpement – durable. gouv. fr/documents/Temis/0078/Temis – 0078977/20871_rapport. pdf

参考文献

［1］ Ballot, E. & Fontane, F. 2008. Rendement et efficience du transportation: un nouvel indicateur de performance. *Revue Française de Gestion Industrielle*, 27（2）: 41 – 55.

［2］ Ballot, E. Gobet, O. & Montreuil, B. 2012. Physical Internet enabled open hub network design for distributed networked operations. In T. Borangiu, A. Thomas, & D. Trentesaux（Eds.）, *Sevice orientation in holonic and multiagent manufacturing control*, Vol. 402: 354 – 367. Heidelberg: Springer.

［3］ Ballot, E., Montreuil, B. & Thivierge, C. 2012. *Functional Design of Physical Internet Facilities: a road rail PI Hub.* Paper presented at the International Material Handling Research Colloquium, Gardanne.

［4］ Bondre, S. 2011. *Mumbai's Dabbawala: The Uncommon Story of the Common Man*: OMO Books.

［5］ Bontekoning, Y. M. 2000. The importance of new-generation freight terminals for intermodal transportation. *Journal of Advanced Transportation*, 34: 391 – 413.

［6］ Comer, D. 2006. *Internetworking with TCP/IP*（5th ed.）. Upper Saddle River; London: Pearson Prentice Hall.

［7］ Commission of the European Communities, 2009. Internet of Things – An action plan for Europe. In T. C. Communication from the commission to the European Parliament, The European Economic and Social

Committee and the Committee of the Regions (Ed.).

[8] Dechter, R. & Pearl, J. 1985. Generalized best-first search strategies and the optimality of A*. *Rina Dechter*, 32 (3): 505 – 536.

[9] Dijkstra, E. W. 1971. A short introduction to the art of programming: 100. Austin TX: University of Texas at Austin.

[10] European Commission. 2008. Action plan for the deployment of Intelligent Transportation Systems in Europe, *White paper*. Luxembourg: European Commission.

[11] European Commission. 2011. *A Roadmap for moving to a competitive low carbon economy in* 2050. Brussels: Office of the European Union.

[12] European Commission. 2011. *European Green Cars Initiative PPP Multi-annual roadmap and long-term strategy*. Luxembourg: Office of the European Union.

[13] EuroStat. 2007. Average loads, distances and empty running in road freight transportation – 2005. In EuroStat (Ed.), European Communities ed.: 1977 – 0316.

[14] GS1. Oct. 2013. *EPC Global Standards*. Available: http://www.gs1.org/gsmp/kc/epcglobal.

[15] Gue, K. R. & Kim, B. S. 2007. Puzzle – Based Storage Systems. *Naval Research Logistics*, 54 (5): 556 – 567.

[16] Hakimi, D., Montreuil, B., Sarraj, R., Ballot, E. & Pan, S. 2012. *Simulating Physical Internet Enabled Distribution Webs*. Paper presented at the International Conference on Information Systems, Logistics and Supply Chain, Creative Logistics for an Uncertain World, Quebec, Canada.

[17] International Energy Agency. 2006. *Energy technology perspectives*： *Scenarios & Strategies to* 2050. Paris： OECD/IEA.

[18] International Energy Agency. 2009. Transportation, energy and CO_2： 418： OECD.

[19] ISO. 1994. Information Technology – Open Systems Interconnection – Basic Reference Model, Vol. 7498 – 1. Geneva： ISO/IEC.

[20] Jeong, S.-J., Lee, C.-G. & Bookbinder, J. H. 2007. The European freight railway system as a hub-and-spoke network. *Transportation Research Part A*： *Policy and Practice*, 41（6）： 523.

[21] Kellerer, H., Pferschy, U. & Pisinger, D. 2004. Knapsack Problems： Springer.

[22] Levinson, M. 2006. The Box. Princetown： Princetown University Press.

[23] Lin, Y. H., Meller, R. D., Ellis, K. P., Thomas, L. M., and Lombardi, B. J. 2014. A decomposition-based approach for the selection of standardized modular containers. International Journal of Production Research, to appear（DOI： 10. 1080/00207543. 2014. 883468）.

[24] Mayer, S. H. 2009. *Development of a completely decentralized control system for modular continuous conveyors*. Universität Karlsruhe（TH）.

[25] McKinnon, A. 2000. Sustainable distribution： opportunities to improve vehicle loading. *UNEP Industry and Environment*（Dec）： 26 – 30.

[26] McKinnon, A. 2010. European Freight Transportation Statistics： Limitations, Misinterpretations and Aspirations. In ACEA（Ed.）, 5*th ACEAa Scientific advisory group meeting*. Brussels.

[27] McKinnon, A., Ge, Y. & Leuchars, D. 2003. Analysis of Transportation Efficiency in the UK Food Supply Chain. In L. R. Centre, & S. o. M. a. Languages (Eds.): 38. Edinburgh.

[28] McKinnon, A. C. & Woodburn, A. 1994. The consolidation of retail deliveries: its effect on CO_2 emissions. Transportation Policy, 1(2): 125.

[29] Meller, R., Montreuil, B., Thivierge, C. & Montreuil, Z. 2012. *Functional Design of Physical Internet Facilities: a Road – Based Transit Center*. Paper presented at the International Material Handling Research Colloquium, Gardanne.

[30] Meller, R. D. & Ellis, K. P. 2011. Establishing the Logistics System Gain Efficiency of the Physical Internet, *International Conference on Industrial Engineering and Systems Management IESM'* 2011: 575 – 584. Metz – France.

[31] Meller, R. D., Lin, Y.-H. & Ellis, K. P. 2012. *The Impact of Standardized Metric Physical Internet Containers onthe Shipping Volume of Manufacturers*. Paper presented at the 14th IFAC Symposium on Information Control Problems in Manufacturing, INCOM'12, Bucharest.

[32] Meller, R. D., Lin, Y. H., Ellis, K. P. & Thomas, L. M. 2012. Standardizing Container Sizes Saves Space in the Trailer: A Result of the CELDi Physical Internet Project: Center for Excellence in Logistics and Distribution, University of Arkansas.

[33] Montreuil, B. 2009. Physical Internet Manifesto: globally transforming the way physical objects are handled, moved, stored, real-

ized, supplied and used. In CIRRELT (Ed.), Vol. 2011. Quebec, CA.

[34] Montreuil, B. 2011. Towards a Physical Internet: Meeting the Global Logistics Sustainability Grand Challenge. *Logistics Research*, 3 (2 – 3): 71 –87.

[35] Montreuil, B., Ballot, E. & Fontane, F. 2012. *An Open Logistics Interconnection Model for the Physical Internet.* Paper presented at the INCOM'12 Conference, Bucharest, Romania.

[36] Montreuil, B., Meller, R. & Ballot, E. 2013. Physical Internet Foundation. In T. Borangiu, A. Thomas, & D. Trentesaux (Eds.), *Service Orientation in Holonic and Multi Agent Manufacturing and Robotics*, Vol. 472: 398: Springer.

[37] Montreuil, B., Meller, R., Thivierge, C. & Montreuil, Z. 2012. *Functional Design of Physical Internet Facilities: a distribution Hub.* Paper presented at the International Material Handling Research Colloquium, Gardanne.

[38] Montreuil, B., Meller, R. D. & Ballot, E. 2010. Towards a Physical Internet: the impact on logistics facilities and material handling systems design and innovation. In K. G. e. al. (Ed.), *Progress in Material Handling Research*: 23: Material Handling Industry of America.

[39] Pan, S. 2010. *Contribution à la définition età l'évaluation de la mutualisation de chaîne logistiques pour réduire lesémissions de CO_2 du transportation: application au cas de la grande distribution.* Doctorat, Mines ParisTech, Paris.

[40] Pan, S., Ballot, E. & Fontane, F. 2013. The reduction of greenhouse gas emissions from freight transportation by pooling supply chains. *International Journal of Production Economics*, 143 (1): 86 – 94.

[41] Piecyk, M. I. & McKinnon, A. C. 2010. Forecasting the carbon footprint of road freight transportation in 2020. *International Journal of Production Economics*, 128 (1): 31 – 42.

[42] Salini, P. 2006. AxeFret, Predit ed.: 88 pages.

[43] Sarraj, R. 2013. *Interconnexion des reseaux logistiques: elements de definition et potentiel*. Doctorat, Mines ParisTech, Paris.

[44] Sarraj, R., Ballot, E., Pan, S., Hakimi, D. & Montreuil, B. 2014, Interconnected logistic networks and protocols: simulation based efficiency assessment, to appear in *International Journal of Production Research*.

[45] Sarraj, R., Ballot, E., Pan, S. & Montreuil, B. 2012. Analogies between Internet network and logistics service networks: challenges involved in the interconnection. *Journal of Intelligent Manufacturing*, Accepted, under press.

[46] The Economist. 2006. The physical internet: a Survey of logistics, pp. 1 – 14.

[47] United Nations. 2007. Container Traffic Forecast 2007 Update. In R. S. A. P. DEVELOPMENT (Ed.).

[48] United Nations, 2006. Couloirs de transport Europe – Asie: 13. Geneva: Conseil économique et social.

[49] Wikipedia. 2010. OSI model, 7 April ed., Vol. 2010: Wikipedia.

本书研究的贡献者

本书基于通过国际合作进行的集体研究的结果。此处呈现的是下文提到的研究人员的努力成果,他们就这项工作分享了自己的见解。

巴黎高科矿业学院——法国巴黎

埃瑞克·巴洛特教授
弗雷德里克·方塔纳(Frédéric Fontane)副教授
潘燊乐(Shenle Pan)助理教授
罗奇迪·萨拉吉(Rochdi Sarraj)研究员

拉瓦尔大学——加拿大魁北克省

班旺·蒙特勒伊教授
德里斯·哈基米(Driss Hakimi)研究员

洛桑联邦理工学院——瑞士洛桑

雷米·格拉登（Rémy Glardon）教授
迈克尔·泰曼斯（Michaël Thémans）TRACE 项目副主任
奥利维尔·戈贝特（Olivier Gobet）研究员

项目联系人

OpenFret

埃瑞克·巴洛特教授
科学管理中心 – 巴黎高科矿业学院，圣迈克尔大道 60 号，75272，巴黎，cedex06
电子邮箱：eric. ballot@ mines – paristech. fr

实物互联网模拟

埃瑞克·巴洛特教授
科学管理中心 – 巴黎高科矿业学院
地址同上。

OTC KayPal © Mr

泽维尔·佩罗丹（Xavier Perraudin）董事长

4S 网

贝勒里夫大道 30 号，92500，吕埃 – 马迈松

电子邮箱：xavier. perraudin@ 4snetwork. com

CRC ©

泽维尔·佩罗丹董事长

4S 网

地址同上。

Modulushca

马塞尔·胡舍贝克（Marcel Huschebeck）PTV 集团

概念与解决方案物流研究

益壮企业集团有限公司 15 号，76131，卡尔斯鲁厄，德国

电子邮箱：Marcel. huschebeck@ ptvgroup. com

PI – Nuts

伊夫·萨莱斯博士

瓦朗谢讷大学 – 海西山

PSI（生产、服务、信息）TEMPO 实验室

研究中心 – EA 4542

F59313 瓦朗谢讷 CEDEX 9

电子邮箱：Yves. Sallez@ univ – valenciennes. fr

满载移动网络：一项泛魁北克调查

班旺·蒙特勒伊教授

拉瓦尔大学，加拿大魁北克省

CIRRELT 研究中心运营和决策系统部行政学院

Pavillon Palasis – Prince 2325，露台街

拉瓦尔大学，魁北克省 G1V 0A6 加拿大

电子邮箱：Benoit. Montreuil@ osd. ulaval. ca

潜力估计：实物互联网支持的为单个生产者而设的一个开放配送网络

班旺·蒙特勒伊教授

拉瓦尔大学，加拿大魁北克省

CIRRELT 研究中心

地址同上。

CELDi 项目

罗素·梅勒教授

CELDi 实物互联网项目，阿肯色大学物流与配送卓越中心

E-mail：rmeller@uark.edu

后　　记

合上这本书的最后一页，我们不禁对物流行业在实物互联网时代的未来充满期待。在当今数字化浪潮席卷全球的背景下，实物互联网绝非只是物流领域的一个前沿概念，它更是一把钥匙，有潜力开启物流行业转型升级的新纪元。它为我们提供了一种全新的视角，让我们有机会重新审视物流行业的运作模式和发展逻辑。

回溯全书，从对实物互联网基础概念的剖析，到对其在不同国家实践案例的展示，我们深刻认识到其强大的适应性和广泛的适用性。在中国，随着经济的持续增长与消费市场的不断扩大，物流行业的压力与日俱增。而实物互联网所倡导的开放物流网络、标准化载具以及智能化管理等理念，正是应对这些挑战的有效利器。这些理念不仅能够提升物流效率，还能降低成本，同时促进物流行业的可持续发展。

我们看到，在政府和行业的积极引导下，物流包装标准化、物流行业的绿色化升级和降本提质增效已上升为国家战略，这与实物互联网的目标不谋而合。同时，国内众多物流企业也在积极探索智能化仓储、运输与配送模式，这些实践为实物互联网在中国的落地生根提供了肥沃的土壤。这些企业在实践中积累的经验和教训，将为实物互联网的进一步发展和完善提供宝贵的参考。

后　记

　　值得一提的是，最近的研究结合互联网空间发展出元联网（cyber-physical internet）这一前沿理念。这一概念由黄国全教授首次提出，通过融合数字孪生、信息物理系统（CPS）等技术，将实物互联网推向更高阶段，有望为物流行业带来更强大的融合与协同能力。元联网的出现，预示着物流行业将迈向一个更加智能化、自动化的未来。它将物理世界和数字世界紧密相连，使得物流企业能够实时监控物流过程，优化资源配置，提高决策的准确性和及时性。

　　展望未来，我们坚信，实物互联网（PI）及其相关前沿拓展（如元联网）的未来应用前景将无比广阔且愈加丰富，将持续推动物流行业的创新升级与变革发展。它将促使物流企业突破传统思维的局限，加强合作与共享，构建起更加高效、智能、绿色的物流生态系统。在这个过程中，行业标准将不断完善，技术创新将持续涌现，物流行业也将在实物互联网的赋能下，向着绿色可持续和降本提质的方向升级。我们期待看到物流企业如何利用这些技术来优化其运营流程，提高客户满意度，同时也希望这些技术能够在更广泛的领域得到应用，为社会创造更多的价值。

　　让我们共同期待并积极参与到这一激动人心的变革之中，为推动实物互联网的繁荣发展贡献自己的力量。无论是物流企业、制造企业还是相关科研机构，都应抓住这一历史机遇，积极探索实物互联网的应用之道，共同推动物流行业迈向更加智能化、绿色化的未来。

译者

2025 年 6 月

译 者 简 介

孔祥天瑞，男，博士，现任深圳大学经济学院长聘副教授、博导、院长助理，经济数字化转型与高质量发展广东省重点实验室副主任，深圳市"孔雀计划"引进人才，南山区"领航人才"。主要从事鲜活品拍卖运营管理、新一代物流系统优化，近年来发表学术论文 50 余篇，近 5 年论文在 Google Scholar 总被引近 1600 次，发表的拍卖物流、按需物流拍卖机制、电商仓储同步算法、工业可穿戴等科研成

果被许多国际知名学者及领域权威期刊广泛引用。主持多项国家级、省部级、企业级纵向横向项目，已授权发明专利、实用新型专利多项，获得中央领导肯定批示的国家级资政报告 2 项，出版《数智化生鲜农产品拍卖机制与运营优化》专著 1 部并获得 2024 年第九届"物华图书奖"全国三等奖。任中国管理现代化研究会管理与决策科学专业委员会理事，中国优选法统筹法与经济数学研究会高等教育管理分会理事，广东经济学会理事，深圳市物流与供应链专家委员会委员，国际权威期刊 Industrial Management & Data Systems 编委。

罗浩，男，博士，深圳大学经济学院供应链管理系副主任，教授，博导。广东省特支计划"科技创新青年拔尖人才"，深圳市"孔雀计划"引进人才，南山区"领航人才"，教育部高等学校物流管理与工程类专业导委员会工作组成员，广东省本科高校物流管理与工程类专业教学指导委员会委员，广东省机械工程学会物流工程分会理

事。近年来主要从事供应链管理、物流优化、智慧物流、制造物流联动等方面研究。共发表 SCI 检索国际期刊文章 30 余篇。期刊 CIE 特刊特约编辑，IJPE、IJPR、IJCIM、JIM 等期刊特约文章审稿人。主持国家自然科学基金 2 项、广东省特支计划项目 1 项、深圳市南山技术研发基金 1 项。参与广东省科技厅粤港合作项目、香港创新科技基金等重大项目 10 余项。

黄国全，男，博士，现任香港理工大学工业及系统工程学系智能制造讲座教授兼先进制造研究院院长。入选国家重大人才项目专家，国家自然科学基金委海外杰出青年学者。长期致力于物联网支援的信息—物理系统及工业人工智能领域的研究，涵盖智能制造、物流和建筑行业的项目，研究得到了多项政府和工业界的资助，带领的研究团队与国际顶尖学术机构及工业伙伴紧密合作。研究成果发表于顶级期刊，并获学术界高度引用，多篇曾为相关领域全球"Top 1%"最广

泛引用的文章，个人也成为相关领域全球"Top 1%"最广泛引用的学者。担任多本国际期刊的副编辑和编委，并在近年来多次担任国际会议的大会主席或程序主席。

郭珉，男，博士，现任西交利物浦大学产金融合学院供应链管理助理教授。诺丁汉大学战略学博士。研究方向包括物流优化、共享平台运营、数据科学和决策信息系统等。参与或主持了多项省部级和创新基金课题项目，研究成果已在多篇国际期刊上发表，并荣获国际系统创新大赛银奖、数智物流供应链国际会议和资源可持续性国际会议最佳论文奖等多项奖项。曾担任 IJPE、IMDS、ADVEI 等期刊的特约审稿人。此外，多次受邀在欧洲运筹学年会、国际产品研究会议等国际会议上进行研究汇报。

Eric Ballot，Benoit Montreuil，Russell D. Meller

The Physical Internet：The Network of Logistics Networks

ISBN：9782110098658

© Direction de l'information légale et administrative，Paris，2014.

All Rights reserved. No part of this Publication may be reproduced or transmitted in any form or by any means，plectronic or mechanical，including without limitation photocopying，recording，taping，or any database，information or retrieval system，without the prior written permission of the publisher.

This authorized Chinese translation edition is published by Economic Science Press.

© 2025 by Economic Science Press.

版权所有。未经出版人事先书面许可，对本出版物的任何部分不得以任何方式或途径复制或传播，包括但不限于复印、录制、录音，或通过任何数据库、信息或可检索的系统。本授权中文翻译版由经济科学出版社出版。

© 2025 年全球中文版专有出版权属经济科学出版社

北京市版权局著作权合同登记号：01－2025－2555